초월성 축제

초월성 축제

신현식 지음

1판 1쇄   2021년 1월 11일

펴낸이 김정미
교정교열 이은아(책임) 김정임 강경미
표지디자인 최은성
본문디자인 홍선희

펴낸곳 이야기담   등록 2012년 18호
전화 070-8857-3851   팩스 033-742-4810
주소 강원도 원주시 북원중길 43-5(26316)   이메일 md7424800@naver.com

ISBN 979-11-88729-14-2

이 책의 전부 또는 일부를 재사용하려면 반드시 저자와 이야기담 양측의 동의를 받아야 합니다.

초월성 축제

신현식

일러두기

1. 맞춤법과 외래어 표기는 국립 국어원의 용례를 따랐다. 다만 국내에서 이미 굳어진 인명과 지명의 경우에는 그대로 통용되는 표기로 썼다. 또한 국내에 소개된 책은 출간된 제목과 저자명을 그대로 썼고, 필요에 따라 원제를 밝혔다.
2. 원문을 발췌 요약해 실은 경우와 그대로 인용한 경우에는 미주로 처리하였다.
3. 개념 정의와 부연 설명은 각주로 처리하였다.

서 문

인류와 축제의 시대전환

축제는 계급사회였던 전통사회에서 인간으로서 삶의 영위와 사회적 동물로서 공동체 유지에 균형과 질서를 조율하는 큰 기능을 하였다. 비일상의 시공간은 인간의 본능과 현실을 넘어서는 이데아(Idea)의 실천으로 이어졌고, 축제는 인류에게 일상을 긍정하도록 하는 선물과도 같았다. 산업혁명 이후 인류를 지탱시켰던 사회구조는 도시를 중심으로 자본가와 노동자로 재편되었고, 삶은 노동과 여가로 구분되었다. 근대를 넘어 현대로 오면서 문화는 대중화되었고, 여가는 지역문화로 존재했던 축제를 관광으로 연결시켰다.

이에 전통사회와는 달리 현대사회는 축제를 향유하는 대상이 지역민이 아닌 관광객이 되었다. 축제는 인류와 함께 현재까지 이어지고 있지만 계급사회 중심의 전통축제와 여가사회 중심의 현대축제는 그 모습이 다르다.

축제는 인간이 시대의 가치를 담는 문화적 생명체이다.

2020년 코로나19는 인류가 처음으로 축제를 위험하게 인식하는 세상을 만들었다. 하지만 대한민국은 온라인이라는 우주 속에 새로운 축제 공간을 개척했다. 온라인은 누구에게나 기회가 주어지며, 인류를 네트워크 시켜주는 공간으로 축제가 설 수 있는 새로운 땅이다.

하지만 2020년 대한민국 온라인 축제는 존재의 근원인 오프라인 축제의 대체 개념이 되었으며 축제 경험과 상호작용이 주가 되지는 못하였다. 축제 전문가와 관계자들은 이런 현상에 대해 비판과 가능성만을 이야기할 뿐 온라인 공간 개척의 의미와 기존 축제의 확장을 제시하지는 못하였다.

대한민국은 2021년 축제를 앞두고 행정과 축제 관계자들이 축제 개최에 대한 명확한 방향성을 찾지 못하고 있다.

이제 인류를 지금까지 이끌었던 오프라인 축제에 대한 시대적 고찰과 함께 인류는 새롭게 개척한 온라인 공간을 축제와 통섭하고 통찰하는 것이 필요한 시점이다.

인류는 더 이상 축제를 멈추게 해서는 안 된다.

온라인 공간 개척의 의미는 단순히 축제를 멈추지 않게 하는 것이 아니라 온라인과 오프라인을 공존시켜 오프라인 축제와 지역을 더욱 매력적이도록 하는데 있다. 이제는 온라인 축제의 등장을 위드 코로나를 넘어 포스트 코로나 이후 도래할 4차 산업혁명과 뉴노멀 사회를 바라보며 해석하는 것이 필요하다.

전통사회와 현대사회 축제의 모습이 다른 것처럼 뉴노멀 사회 인류가 함께할 축제는 현대사회 축제를 넘어서는 새로운 방향의 축제이다. 현대사회 축제를 부정했던 전통사회 패러다임처럼 뉴노멀 사회의 축제를 현대사회 패러다임으로 부정해서는 안 된다. 전통사회에서 축제의 핵심을 담당했던 제례와 계급사회 구조 속에서의 축제 일탈과 역동의 행위들을 현대사회 축제의 기준으로 삼으면 안 되는 것처럼 온라인 축제를 오프라인 축제만의 패러다임으로 부정해서는 안 된다.

온라인 공간과 축제의 의미를 오프라인 축제와 통합해 사고하려는 노력이 필요하며 오프라인 축제를 기반으로 온라인 공간을 어떻게 탄력적으로 품어갈 것인지를 고민하는 것이 뉴노멀 사회 축제의 새로운 모습이다.

이제, 축제는 새로운 시대 전환을 맞이하게 되었다.

뉴노멀 사회와 초월성 축제

팬데믹은 인류에게 일상을 돌아보게 했으며 사회적 가치의 중요성을 깨닫게 하였다. 뉴노멀 사회 축제는 기업이 사회적 책임과 공유 가치 창출을 위해 노력하는 모습에 주목할 필요가 있다.

기업들은 환경보호, 사회적 책임, 투명한 지배구조를 의미하는 ESG(Environment, Social, Governance)를 경영 전략으로 새롭게 도입하고 있다. 기존의 경영 방식을 버리고 뉴노멀 사회에 전환될 새로운 패러다임을 받아들이고 있는 것이다.

축제도 지역과 인류의 사회적 가치 실천에 동참해야 한다. 현대사회 축제가 관광과 결합한 지역마케팅 수단이었다면 뉴노멀 사회 축제는 공생과 행복이라는 사회적 가치를 실천하는 지역 브랜딩에 있다. 이제 축제는 온라인 공간에서 세계적 연결을 넘어 인류의 사회적 가치를 실천하기 위한 연대와 협력을 이끌어 내야 한다.

뉴노멀 사회 온라인 공간은 축제가 글로벌로 나아가는 길이다.

4차 산업혁명과 디지털로 전환되는 뉴노멀 시대를 맞아 인류는 공생성과 행복성을 추구하는 축제로 패러다임을 전환하기 위해서는 O2O 축제 플랫폼을 구축해야 한다. 온라인과 오프라인의 융합은 참가자들에게 가상성, 소통성, 연대성 그리고 의외성이라는 새로운 축제 문화를 경험하게 하고 지역이 통합성과 공유성의 가치를 발견해 글로컬로 나아갈 수 있도록 할 것이다. 이것이 바로 초월성 축제이다.

초월성 축제는 인류가 오프라인 공간만을 운영했던 기존 축제를 실재성 축제로 개념하였다. 실재성 축제에 대한 철학적 사유를 존재론, 인식론, 실천론, 감성론 4가지 차원에서 실시하여 초월성 축제 특성을 공생성, 행복성, 의외성, 가상성, 연대성, 소통성, 통합성, 공유성으로 제시해 개념하였다.

초월성 축제는 온라인 공간의 의미와 가치를 오프라인의 대체 개념으로만 바라보지 않는다. 인류가 코로나19로 개척한 축제의 새로운 공간인 온라인은 오프라인을 더욱 매력적이게 하고, 지역의 축제를 글로벌로 나아가게 하는 길이다.

초월성 축제는 오프라인과 온라인의 환상적인 융합을 꿈꾼다.

공간의 이동과 초월은 온라인과 오프라인 둘의 경계를 허물고 있다. 우리는 온라인 축제의 등장을 언택트 개념으로만 바라보아서는 안 된다. 4차 산업혁명과 뉴노멀 사회의 새로운 축제 트랜드로 인식해야 하며, 온라인으로의 공간 확장은 축제의 디지털 콘택트 전략이 되어야 한다.

초월성 축제가 온라인 공간에서 탄생시킨 디지털 호모 페스티버스(Digital Homo Festivus)에게 주목해야하는 이유는 이들이 오프라인 축제와 지역 관광의 잠재 수요자라는 사실이며, 이들을 통한 문화 전파의 속도는 아무도 예측할 수 없다는데 있다. 그러므로 온라인으로 참여해 축제를 즐기는 참가자도 축제시민으로 받아들여야 하며, 이들에게도 축제를 즐길 권리를 부여해야 한다. 디지털 호모 페스티버스들의 세계적 연대와 협력은 온라인 공간에서 축제 경험을 공유하고 콘텐츠 재생산과 상호작용하는 것을 넘어설 것이다.

그들은 팬덤을 구축해 오프라인 경험을 시도할 것이고, 이제 대한민국의 축제는 지역의 문화관광을 이끄는 플랫폼으로 축제 한류를 선보이게 될 것이다.

온라인 공간은 축제 일상화를 실현시키는 플랫폼이다.

초월성 축제는 오프라인의 지역 주민, 팬덤, 관광객, 관계자 그리고 온라인의 디지털 호모 페스티버스 모두를 축제시민으로 통합시킨다. 이들이 온라인 공간에서 디지털 공동체를 구성하면, 자연스럽게 다국적 축제시민들이 나타나게 될 것이며, 축제시민들은 온라인 공간에서 왕성한 활동을 하게 될 것이다.

초월성 축제는 인류의 사회적 가치 실현을 위한 축제 생산구조를 지역 주민을 넘어 축제시민으로 설명하고 있다. 축제를 준비하는 시간과 협업하는 공간은 O2O 플랫폼이다. 축제시민이 각각의 가치를 플랫폼 속에 공유시켜 축제 생태계가 구축되면 축제 브랜드가 지역을 브랜딩하게 될 것이다. 그래서 축제시민의 연결과 상호작용은 축제 일상화를 실현하고, 플랫폼 활성화는 지역의 문화와 관광을 이끌 것이다. 또한 축제시민의 가치를 공유시키는 생태계 구축에서 지역 주민이 축제를 주도해야 한다는 생각도 버려야 한다. 축제시민과 동등하게 협력하는 구조를 만드는 것이 필요하다.

관광객을 단순히 외부인으로만 바라보았던 시각을 버리고 축제시민으로 받아들일 수 있는 열린 사고로의 전환이 필요하다. 축제 주최 측도 적극적으로 축제시민을 모집하고 축제 운영구조를 재편해야만 한다.

축제시민들에게 오프라인 축제장과 지역은 성지와도 같다.

초월성 축제는 온라인 환경을 이용한 세계적 연결과 가상공간에서의 상호작용이 축제와 지역 브랜드의 글로벌화를 활성화시키는 것에 가치를 두고 있다. 오프라인 축제와 축제장 그리고 지역과 지역 명소는 가상공간에서 활동하는 디지털 호모 페스티버스에게는 꿈의 공간과 장소가 된다.

온라인을 통한 인생의 버킷리스트가 오프라인에서 실현될 수 있도록 해야 한다. 그래서 초월성 축제는 로컬의 가치를 인류의 공익적 가치와 연결하는 것을 매우 중요하게 생각하게 한다. 또한 세계인들이 로컬 축제의 성공을 염원하며 지속가능한 성장에 함께 하도록 하기 위해서는 인류의 공익적 가치를 축제 철학으로 가지고 있어야 한다.

디지털 호모 페스티버스는 지역을 지켜주는 공정여행의 리드 그룹이 될 수 있으며 지역은 이들이 연대를 통해 축제 운영에 직접 참여하고, 온라인에서 축제 가치와 생산을 함께 고민할 수 있도록 상시 소통하고 상호작용하도록 해야 한다. 지역 주민과는 이웃이 되고 오프라인에서의 만남은 관계구축의 매개체가 될 것이다. 지역은 축제를 통해 디지털 호모 페스티버스들에게 제2의 고향이 되고, 지역은 이들을 명예 고향인으로 반갑게 받아들일 수 있어야 한다.

초월성 축제는 지역에 상생과 회복을 선물한다.

초월성 축제는 대한민국에 대한 관심이 축제로 이어져 지역을 통해 대한민국 문화를 이해하고, 경험하는 가치를 만들어낼 수 있다. 글로벌 축제시민들은 축제를 통해 현지인과 함께 신뢰도 높은 안전한 여행을 지역에서 즐길 수 있으며 지역은 글로벌 축제시민들을 통해 자연스럽게 로컬이 글로벌로 진출하는 계기를 만든다. 이 모든 것은 온라인에 축제 공간을 개척했기 때문에 가능하다.

이제는 축제를 통해 로컬을 글로벌로 키우기 위한 실천과 전략을 새롭게 고민해야 한다. 주민은 협력하고, 디지털 호모 페스티버스는 연대할 수 있는 플랫폼을 구축해야 한다.

뉴노멀 사회에서는 지역 이기주의와 폐쇄적 지역 문화를 버리는 것이 살아남는 길이라 생각하기 때문에 지역 주민을 초월한 축제시민 개념을 정립한 것이다. 초월성 축제는 관광객, 팬덤, 지역 주민, 관계자로 구성된 축제시민들이 다양한 주제를 가지고 과업 수행을 하는 과정에서 참여와 연결 그리고 소통과 상호작용이 시민들 서로 간에 신뢰를 쌓아가도록 하는 새로운 문화 경험의 장이 될 것이다.

온라인을 통한 축제의 일상화는 축제시민의 가치 실천을 자연스럽게 오프라인으로 이끌어 지역과 축제를 글로벌로 연결하는 브랜딩 활동을 만든다. 이것은 지역이 축제를 통해 디지털 시민성과 지역 브랜딩을 함께 엮는 새로운 방식의 주민 참여로 볼 수 있다.

뉴노멀 사회 지역은 다양성을 넘어 다원성의 가치를 창조해야 한다.

축제는 로컬의 가치를 지역의 다원화 된 삶에서 발견하고, 그 개성을 축제 브랜드로 연결시켜야 한다. 대규모의 집단 유희가 아닌 소규모의 다원화 된 체험의 유희를 각 지역의 삶에서 찾아내 프로그램화 하고, 지역의 다양한 구성원과 외지인이 결합한 축제시민이 축제 생태계를 주도적으로 이끌어가는 참여 구조를 만들어야 한다.

초월성 축제는 기존의 축제처럼 축제장 일정 공간에서 많은 사람들을 동시에 경험시키는 밀집과 밀접의 집단성을 축제 본질로 바라보지 않는다. 그것은 우리 인류가 과거에 살았던 공동체 사회와 산업화 사회에서의 문화 체험 방식일 수 있으며, 성과를 위해 의도된 현대축제의 기획으로 볼 수 있다.

초월성 축제는 많은 사람들이 다양한 모양과 색깔의 체험을 선택해서 즐기게 하는 축제이다. 지역의 정체성을 다양한 방식으로 표현하는 것이 개성이며, 개성이 곧 경쟁력인 축제이다.

로컬시대, 글로벌 도약의 매개체는 초월성 축제이다

초월성 축제는 실재성 축제에서 풀어내지 못한 축제의 일상화 전략을 온라인 플랫폼 구축과 이를 오프라인으로 연계시키는 것으로 설명하고 있다. 특히, 군단위 지자체에서는 읍이 축제 일상화의 오프라인 거점이 될 수 있도록 축제를 통한 지역 거점관광 실현을 구상해 볼 수 있다.

축제시민들은 온라인에서 각자의 가치를 연결해 축제 기간 로컬을 중심으로 오프라인 축제장에서 공정여행을 실천하고 이것이 축제문화로 표출된다. 비일상 축제 기간에는 축제시민을 통해 축제문화가 일상의 여행문화로 전이되도록 해 지역을 이롭게 하는 관광을 실현한다. 실재성 축제에서 비일상 축제만을 존속시켰던 방식에서 초월성 축제는 여행자가 일상에서도 축제장과 지역에서 축제 문화를 다양하게 경험할 수 있도록 한다. 이러한 여행자의 경험은 온라인에 포스팅 되고, 온라인을 통해 축제와 지역은 전 세계로 연결되어 지역이 축제를 통해 주목받는 현실을 만들 수 있다.

대한민국의 축제가 글로벌로 나아가는 정책방향을 이제는 초월성 축제로 바라보아야 한다. 물질과 콘텐츠 중심으로 바라보았던 실재성 축제와는 달리 초월성 축제는 정신과 실천문화를 중요시하며 세계적 연대를 이끌어 내는 축제이기 때문이다.

이제, 축제는 비물질의 의미와 행복을 깨닫는 과정이 유희가 된다.

초월성 축제에서 참가자 감동은 개인적 차원의 자아실현이 사회적 가치를 실천하는 연대와 협력을 이끌고, 그 힘이 인류공동체의 새로운 가치를 실현시킬 때 발생한다.

초월성 축제는 로컬의 새로운 정신을 창조하며, 창조성을 기반으로 로컬을 재구성하는 역할을 해야 하며 로컬은 초월성 축제를 통해 시대정신과 깨달음을 실천해야 한다. 인간과 자연의 공생을 비롯해 인간성 회복을 이끄는 것에도 축제가 중심에 서는 시대가 뉴노멀 사회이다. 개인적 자아실현과 사회적 가치 창출이 구분되어서는 안 되며 축제 체험과 활동으로 하나 될 수 있어야 한다.

지역에서 초월성 축제의 역할은 지역 공동체가 인간성을 회복하고, 축제를 선하게 바라보는 도덕성 회복도 실천할 수 있어야 한다. 전 세계 디지털 호모 페스티버스들은 인간성과 도덕성을 축제 운영 철학으로 가지고 있는 축제와 지역의 팬이 된다. 그들은 인간성과 도덕성이 살아있는 축제에 참여하고 협력해 지역 주민이 아니더라도 축제시민이 되어 지역과 함께 축제의 글로벌화를 이끌 것이다.

초월성 축제는 지역 문화를 통해 영성문화를 경험시킨다.

    초월성 축제가 인류의 사회적 가치를 실현한다는 것의 의미는 축제가 선을 실천하는 것과 참가자들에게 희망을 주는 것에 있다. 이러한 선의 실천은 인간의 본성일 수 있으며, 비일상 축제를 통해 우리가 영성과 만나는 길이다. 초월성 축제는 일상에 지친 인류를 바라보며 그들의 몸과 마음 그리고 영혼을 통합하여 치유해 줄 수 있는 호소력 있는 기획과 운영이 필요하다. 즉 이성과 지성 그리고 감성을 넘어서는 영성의 영역을 탄생시켜야 한다.

    초월성 축제에서의 분산과 다원성은 축제 참가자들에게 자신의 삶을 축제 프로그램에 투영시키는 개별화를 경험시킨다. 실재성 축제에서 집단성을 통해 느꼈던 일탈의 카타르시스를 초월성 축제에서는 개별화 경험을 통해 내적인 정화를 체험하게 하여 참가자가 치유될 것이다. 집단성을 통해서만 이러한 축제의 특성을 느낄 수 있는 것은 아니다. 분산을 통해서 오히려 더 강렬하게 느낄 수도 있다.

    초월성 축제가 인류의 사회적 가치를 생각해야만 하는 이유도 바로 여기에 있다. 정신과 마음, 영혼까지를 어루만지는 축제가 되기 위해서 인류의 바람과 소망을 읽어야 하며, 홍익인간의 정신처럼 인간과 세상을 더욱더 이롭게 하는 것에 축제도 동참할 시기가 온 것이다.

초월성 축제 'T-SECC 모델'

초월성 축제 1부에서는 초월성 축제의 철학적 사유와 세계관 고찰을 통해 초월성 축제 특성과 개념을 도출하고자 한다. 2부에서는 위드 코로나 시대와 포스트 코로나 시대 축제 혼돈과 코로나19를 계기로 나타난 온라인과 오프라인 축제 대응을 살펴 전환 시대 O2O 플랫폼으로의 축제 전환을 이야기 한다. 3부에서는 1부와 2부의 내용을 종합해 초월성 축제 전략을 'T-SECC 모델'로 제시하려고 한다.

'T-SECC 모델'은 초월성 축제 전략을 공간(Space), 윤리(Ethic), 연결(Contact), 시민(Citizen)의 초월(Transcend) 4가지 차원에서 살펴 보려고 한다.

첫째, 초공간 전략은 온라인과 오프라인의 융합 전략이다. 둘째, 초윤리 전략은 개인의 행복과 공익을 연결한 사회적 가치 창출 전략이다. 셋째, 초연결 전략은 디지털 축제 공동체 구축과 오프라인과의 연계 전략이다. 넷째, 초시민 전략은 로컬을 글로벌로 진출시키는 글로컬 전략이다.

문화관광축제는 초월성 축제로 정책을 전환해야 한다.

중앙정부는 대한민국 문화관광축제의 한계성을 인식하고, 2년 동안 축제 제도 개선을 준비해 2020년에 첫 시행을 하였다. 그러나 코로나19로 축제는 멈추었고, 개선된 제도는 제대로 실행되지 못하고 있다.

초월성 축제 'T-SECC 모델' 개념으로 본다면 2년 동안 준비한 제도 개선은 원점에서 다시 고민되어야 할 필요가 있다. 팬데믹을 통해 축제 환경이 많이 달라졌기 때문이다. 축제 공간에 있어서는 오프라인만을 생각했으며, 축제 윤리는 생각도 하지 못했다. 축제 연결은 오프라인에서 밀집과 밀접을 추구했다. 축제시민은 지역 주민으로 한정하고, 지역의 문제를 주민 스스로가 해결하는 패러다임으로 개념했다.

초월성 축제 'T-SECC 모델'은 대한민국을 비롯해 전 세계가 고민해야 하는 축제의 새로운 담론이다. 실재성 축제의 패러다임에서 초월성 축제로의 전환 자체를 부정하기보다는 올바른 전환은 무엇이며, 어떻게 전환을 시도해야 하는지에 대한 가치 창출이 2021년 대한민국 축제에서 먼저 담론화되고 실현되어야 한다.

축제의 시대 전환 핵심은 초월성 축제이다.

4차 산업혁명과 디지털 사회로의 전환 시점에 선 우리는 단순히 코로나19로 축제가 멈춘 것에만 집중해선 안 된다. 코로나19를 계기로 인간에게 축제는 왜 존재했는가? 인류는 지금까지 축제를 왜 이어 왔는가? 이에 대한 이유를 찾고 과거에도 축제의 시대 전환은 있었다는 것을 발견하는 과정에서 축제 취소에 대한 문제 인식과 비판적 사고를 가질 필요가 있다.

대한민국의 많은 축제 전문가들이 축제의 시대 전환에 대하여 침묵하고 있다. 지자체와 이벤트사 등의 입장만을 대변하고 있으며 축제가 존재해야 하는 이유를 경제적으로 바라보는 것을 비판했던 전문가들이 지금은 경제적 관점으로만 바라보고 있는 것이 현실이다.

팬데믹으로 축제가 전환될 이 시점에 인류는 축제의 존재성을 지키면서 뉴노멀 사회를 준비하는 것이 필요하며 시대의 가치를 담아내는 축제가 현재 변곡점에 위치해 있다는 사실을 직시해야 한다. 새롭게 다가온 뉴노멀 사회 축제 전환의 핵심은 시대적 가치를 어떻게 담아내고 표현할 것인가에 있다. 이것이 바로 축제 전환의 핵심 사고이며, 이 책이 탄생하게 된 이유이기도 하다.

축제 이론이 세워지지 않은 상황에서 1세대 선배 학자들이 세워 놓은 축제 이론을 공부해 축제 전문가가 된 나는 축제 2세대 학자로서 축제 이론의 깊이와 학문적 체계를 현장 속에서 총감독과 연구자로 고민하며 현장형 학자로 성장하고 있다. 3세대들에게 축제의 시공간과 콘텐츠, 축제 기획과 운영, 축제를 통해 문화와 관광을 재해석하고, 체계적으로 정리해 주어야 할 사명감을 가지고 있다.

늘 축제 현장에서 고뇌하며 새로운 가치를 학문에서 발견하고, 답은 현장에서 얻으려고 한다. 축제를 통해 문화와 관광 그리고 도시를 바라보며 지역에 놓인 문화관광의 현실을 직접 경험하고 있다. 초월성 축제는 평소 축제에 대한 사색을 뉴노멀 사회에 대비하여 정리한 것이다.

知之者不如好之者 好之者不如樂之者
지지자불여호지자 호지자불여락지자
"아는 자는 좋아 하는 자만 못하고,
좋아하는 자는 즐기는 자만 못하다"
<논어, 옹야편 20장>

좋아하고, 몰입되는 축제를 집필하는 과정은 매우 즐거웠다. 학문

하는 즐거움은 현장이 존재하기 때문이며 축제는 설렘과 즐거움의 대상이다. 하지만 괴로운 것은 늘 나의 부족함을 깨닫는 순간이다. 초월성 축제는 축제 2세대 학자로서 우리 사회에 던지는 축제의 새로운 방향성 제시이다. 그 속에는 성찰의 부족함도 있을 것이다. 선배 학자들과 도반(道伴)의 길을 걷는 대한민국의 축제 전문가들 그리고 축제에 인생을 도전하고자 하는 후배 모두가 부족함을 채워주었으면 한다. 나도 현장과 연구를 통해 초월성 축제 이론을 꾸준히 정리할 것이다.

 이 책을 집필할 수 있도록 이끌어 주신 하느님께 감사드린다. 그리고 작업을 하는 내내 기도로서 함께해 준 사랑하는 아내 박소영과 집필하는 동안 함께 있어 주지 못해 서운했을 딸 신예지와 아들 신누리봄에게 미안하고, 감사하다. 이 책이 작은 선물이 되었으면 한다. 마지막으로 독립출판사의 길을 걷고 있는 이야기담 김정미 대표님과 직원분들에게 감사한 마음을 전한다.

목 차

서문	인류와 축제의 시대 전환	005
	뉴노멀 사회와 초월성 축제	008
	초월성 축제 'T-SECC 모델'	018

1부　　초월성 축제 도래　　031

초월성 축제의 철학적 사유　　　　　　　　　　033
　　초월성 축제 존재론　　038
　　초월성 축제 인식론　　045
　　초월성 축제 실천론　　053
　　초월성 축제 감성론　　057

		066
초월성 축제 세계관	전통적 축제와 초월성 축제 세계관	070
	현대적 축제와 초월성 축제 세계관	092

		108
초월성 축제 특성과 개념	초월성 축제 특성	111
	초월성 축제 개념	159

| 2부 | 초월성 축제 전환 | 161 |

		163
팬데믹과 축제 혼돈	코로나19로 무너진 축제	163
	위드 코로나 시대 축제 그림자	172
	포스트 코로나 시대 축제 혼돈	177

		184
비대면 축제의 등장	온라인 축제	184
	오프라인 축제	193
	O2O 축제로의 전환	199

		205
뉴노멀과 축제 트랜스포메이션	생존을 넘어선 기회성 창출	205
	경계를 허문 공간성과 플랫폼 구축	208
	디지털 기반 세계성 축제 공동체의 탄생	211
	집단적 킬러 콘텐츠 파괴와 안전성 확보	214
	주최측이 보이지 않는 자율성 문화	217
	경제적 수단에서 공익성 창출	220
	인간성과 도덕성 그리고 영성의 결합	223

| 3부 | 초월성 축제 전략 'T-SECC모델' | 227 |

O2O 플랫폼이 이끌어가는 초공간(T-Space) 축제

	229
현실과 가상의 경계 소멸	236
공간과 콘텐츠 융복합	239
O2O 플랫폼과 서비스 확충	244
디지털 인프라스트럭처와 데이터 분석	250
축제 유료화와 성지가 되는 오프라인	257

공익과 행복을 실천하는 초윤리(T-Ethic) 축제

264

인류와 미래를 생각하는 축제	264
소유에서 공유로의 가치 전환	269
축제 성장을 이끄는 진정성과 영성문화	273
공정여행 문화를 구축시키는 축제	280
사회적 가치를 실천하는 축제시민과 축제 일상화	285

**세계적으로
연대하고 협력하는
초연결(T-Contact)
축제**

288

축제시민 디지털 호모 페스티버스의 탄생 288

MZ세대와의 축제 공동체 구축 291

지역 주민과 연대하는 디지털 호모 페스티버스 296

디지로그가 이끄는 축제 매력과 새로운 연결 301

동원과 연대를 실천하는 선순환 팬덤 문화 304

지역을 글로벌로 진출시키는 초시민(T-Citizen) 축제

	307
지역의 삶과 가치가 축제 브랜드로 연결	307
축제로 표현되는 디지털 시민성과 브랜딩	312
지역콘텐츠의 재생산과 융합	315
여행성지가 되는 축제장과 지역	318
이익을 존중하고 신뢰를 주는 축제시민과 지역	321

1부

초월성 축제 도래

초월성 축제의 철학적 사유
팬데믹을 품에 안고 축제를 생각하다

축제는 시대를 담는 문화적 특성을 가지고 인류와 함께 성장하고 있다. 2020년 코로나19와 팬데믹(Pandemic)은 전 세계 모든 축제를 멈추게 하였고, 축제 개최와 운영에 혼돈을 주고 있다. 그리고 인류는 코로나19 이후 또 다른 팬데믹까지도 걱정하고 있다.

이런 상황에서 인류는 온라인이라는 새로운 축제 공간을 개척하였다. 이제부터 축제의 공간은 오프라인에 한정되지 않고, 온라인 공간으로 확장되어 새로운 경험이 펼쳐질 것이며 전통사회와 현대사회에서 지금까지 운영된 축제와는 다른 새로운 기획과 운영이 시도될 것이다.

특히, 4차 산업혁명이라는 인류의 변곡점에서 달라질 축제의 시대적 변화를 바라보면 무한한 상상력을 갖게 된다. 하지만 지금까지 인류와 함께 존재했던 축제의 시대적 본질과 특성을 통찰하지 못한다면 뉴노멀 사회 환경에서 새롭게 도래할 축제를 제시하는 것에는 한계가 생긴다. 지금 이 시점에서 인류에게 축제가 존재하게 된 근원을 철학하는 것은 무엇보다 중요한 과정이다.

당분간 축제는 혼돈의 시대를 겪을 것이다. 축제 기획과 운영은 기존 방식과 새로운 방식이 충돌하는 대혼란을 경험하게 될 것이다. 하지만 인류는 새롭게 도래할 뉴노멀 사회의 시대적 특성을 축제에 반드시 담아낼 것이다.

전환 시대에 새롭게 도래할 축제의 발견은 인간과 축제의 관계를 살피는 것에 있으며, 그 물음과 탐구는 멈추어 있는 현재의 축제를 다시는 멈추지 않게 할 근간이 되어 줄 것이다. 이것이 축제의 철학적 사유를 실시해야하는 이유이다. 그래서 포스트 코로나 이후 4차 산업혁명과 뉴노멀 사회에서의 새로운 축제 탄생은 온라인 공간을 기반으로 한 코로나19 이전의 축제 한계를 넘어서는 초월된 개념의 축제가 될 것이다.

대부분의 현대사회 축제 기획에서는 철학적 물음을 찾아보기 어렵다. 축제의 지속가능한 성장을 이야기하면서 축제의 시공간은 정지하거나 방황하고 있다. 축제 기획은 매뉴얼에 의존하며, 이해관계에 따라 갈등하고 있다. 축제의 근원과 원형이라는 문화적 특성은 소외되었다. 반면에 관광과 결합해 지역을 살리는 문화 콘텐츠로서의 성과를 생각하면

짧은 기간 잘 성장한 것이 대한민국 현대사회 축제의 특징이기도 하다.

평소 축제 기획과 운영의 현장가 활동과 평가 및 연구의 연구자 활동을 병행하면서 현대사회 축제가 한계에 직면했음을 깨닫고 있었다. 그리고 한계를 극복하기 위한 방법론은 축제 성장의 의미를 재해석 하는 것에 있으며 그 관점은 축제 규모를 키우는 외적 범주가 아닌 조직 역량과 운영 체계를 끌어올리는 내적 개념의 범주이어야 한다는 것을 생각하게 되었다.

이제 축제는 지속가능한 성장의 발판이 될 내적 성장의 가치를 새롭게 인식하고 이뤄내야 하는 시기가 되었다. 경제적 가치 중심에서 사회적 가치와 문화적 가치 중심으로 체질 전환이 필요하다. 그리고 이런 상황에서 인류는 코로나19라는 팬데믹을 축제 체질 개선의 전환 기회로 활용해야 한다.

2020년 대한민국을 비롯한 전 세계는 축제를 개최하고 운영하는 것을 멈추었다. 이러한 멈춤은 축제의 내재적 체질 개선 뿐만이 아니라 전 세계 축제의 생존 자체를 위협하는 것이기 때문에 멈추지 않고 지속가능한 축제 성장과 운영의 관점까지도 고민하게 한다.

인류는 왜 축제를 하고자 했는가? 현대사회는 공동체가 아닌 개인 또는 가족의 여가 차원에서 시민과 관광객을 대상으로 왜 축제를 개발하는가? 현대사회 축제의 시대성 정립은 무엇이며, 뉴노멀(New Normal) 사회 축제 트랜스포메이션(Transformation)은 어떻게 시도되어야 하는가?

이러한 물음은 전환 시대 인류가 기존과는 다른 새로운 개념의 축제를 요구하고 있다는 것을 증명하는 것이다. 코로나19 시대에 축제의 변화된 외형과 운영 방식은 코로나19 이전 축제의 가치관과 충돌하며 도래할 것이다. 이러한 과정에서 뉴노멀 사회에 새롭게 등장할 축제는 기존 축제의 본질을 사라지게 하는 것은 아니다. 단지, 인간과 사회를 품는 시대적 환경과 특성이 새로운 라이프 스타일을 만나는 것이며, 인간이 뉴노멀 사회에 적응하는 새로운 모습의 축제를 도래시키는 것이다. 이제 인류는 기존 축제의 체질 개선에 변화와 속도를 동시에 경험하며 뉴노멀 사회 축제를 탄생시킬 것이다.

> 코로나19를 기준으로 이전의 축제는 축제의 보편성을 지니지만 시대적 특성[1]에 의해 오프라인에서만 운영된 환경적 한계가 있어 '실재성 축제'로 개념하고, 4차 산업혁명과 뉴노멀 사회에 도래할 새로운 개념의 축제는 온라인과 디지털 기술이 함께하며 오프라인을 넘어선 '초월성 축제'로 개념하고자 한다.

---

[1] 전통사회에 공동체와 계급사회 구조 속에서 제례 및 전복 특성은 현대사회 축제에서 보편적으로 사라졌다. 뉴노멀 사회에서는 온라인 공간의 개척과 디지털 기술 그리고 인류의 사회적 가치 변화에 따라 현대사회 축제 특성은 초월성 축제로 전환될 것이다. 이에 오프라인을 기반으로 축제의 본질을 내재한 전통사회와 현대사회 축제를 실재성 축제로 개념하고, 포스트 코로나 이후 4차혁명과 뉴노멀 사회에서 온라인과 오프라인이 결합해 축제의 본질을 초월한 축제를 초월성 축제로 개념 하고자 한다.

우리는 인류가 축제를 통해 인간과 그 사회에 던진 보편성의 의미를 실재성 축제에서 철학적 질문으로 고찰할 수 있다. 실재성 축제는 민족과 종교 그리고 공동체가 중심이 된 전통사회 축제와 지역사회 변혁의 수단으로 이용되고 있는 현대사회 축제로 구분하였다.

실재성 축제에 대한 철학적 접근은 초월성 축제를 향해 던지는 스스로의 질문과 마음 속에 나타나는 표상으로서 축제에 대한 관념을 논리적으로 정리하고, 전환 시대 축제 질서를 잡아갈 통찰력을 가질 수 있도록 할 것이다. 그리고 실재성 축제는 위드 코로나 시대 뉴노멀 사회를 바라보며 초월성 축제로의 전환을 어떻게 해야 하는지를 총체적으로 바라볼 수 있게 한다.

철학(哲學)은 인간이나 세계에 대한 지혜·원리를 탐구하는 학문으로 원래 억견(臆見)이나 미망(迷妄)을 벗어난 진리 인식(眞理認識)의 학문 일반을 가리켰다. 그런데, 중세에는 종교가, 근세에는 과학이 독립하여 보통 이것들과 구별된 철학은 존재론(형이상학)·인식론(논리학)·실천론(윤리학)·감성론(미학) 등의 부문을 가진다.[1]

우리는 실재성 축제와 초월성 축제 사이에서 축제의 철학적 사유를 존재론, 인식론, 실천론, 감성론 4가지 차원에서 실시하여 '실재성 축제가 초월성 축제로 어떻게 전환되어야 하는가?' 에 대한 단서를 발견할 수 있다. 축제의 시대적 전환을 위한 넓은 시야와 논리를 발견하게 하고, 빈틈없이 축제를 분석하고, 날카롭게 사고할 수 있게 할 것이다. 그리고 축제 주최측과 지역 주민들에게는 이해관계를 넘어서 전환시대 축제의 생존을 이해하는데 통찰력을 갖게 할 것이다.

그래서 원시공동체 사회 생성 이후 인간의 문화인류학적 가치로서 일상과 인간욕구 및 표현으로서 비일상 축제를 즐기는 인간 삶에 대한 인류사적 의미를 고찰해 보고자 한다.

초월성 축제
존재론

'축제란 무엇인가?'에 대한 존재론적 물음은 인류가 원시공동체 사회를 형성한 이후부터 현대에 이르기까지 그 모습은 다르지만 축제가 진화하고 성장하고 있으며, 지금도 인간과 함께 존재하고 있다는 사실에서 찾아볼 수 있다. 그런데 밀집·밀접되는 축제 연행(演行)의 행태는 코로나19로 인해 인간의 생존을 위협하는 존재가 되어 전 세계적으로 축제를 멈추게 하였다.

생존을 위해 수렵생활을 하였던 원시 공동체 사회의 인간은 초월적 에너지로 자연물을 숭배하거나 정령신앙 속 제의(祭儀)를 통해 축제를 표현하였다. 고대 농경사회에서는 민속신앙으로 태양신이나 천신에게 번성과 풍년을 기원하며 특정한 장소에서 특별한 날을 받아 신을 내려오게 하는 강신, 맞이하는 영신, 신과 접촉하는 접신, 신을 보내는 송신이라는 과정을 통해 개인과 집단의 정화[2]와 성화[3]를 이루는 상징적 과정[2]이 동서양 모두에서 축제로 나타났다.

즉, 종교적 제의는 사회적으로 계층의 차이를 초월하여 통합을 꾀하였으며 신과 지배자의 권위를 강조하는 장엄한 의식을 통해 피지배자로 하여금 기존 질서에 순응하게 만드는 역할도 하였다.

개인적 차원에서 피지배자들은 참여를 통해 신과 만나는 영적 체험의 순간을 경험하고, 휴식과 이완의 기회를 제공받아 술과 음식 그리고 유희를 통해 경직된 사회에서의 스트레스를 해소하는 합법적인 배출구가 축제였던 것이다. 이렇게 인간은 사회질서 유지와 일상의 욕구를 해결하고자, 비일상적인 시공간을 만들었고, 종교적 의식 속에 집단적 행위로서 축제를 받아들였다.

---

2) 정화(淨化, Purification)는 서양적 축제 세계관에서 나타나는 것으로 불순하거나 더러운 것을 깨끗하게 하는 의미임. 즉, 사회와 세상의 부정적인 것들을 없애는 의미임

3) 성화(聖化, Sanctification)는 동양적 축제 세계관에서 나타나는 것으로 초자연적 힘 또는 신과의 만남과 일치를 통해 인간의 삶이 거룩해지거나 되어가는 승화의 과정과 행위를 의미함

만약, 원시공동체 사회에서 코로나19가 발생되었다면 인간은 질병을 멈추는 의식으로 오히려 축제를 개최하였을 것이다. 원시공동체가 미개해서가 아니라 전통사회가 축제를 바라보는 시선이 오늘날과 달랐기 때문이다. 현대사회 축제와 비교해 전통사회는 축제를 어떻게 바라보았는지, 그 관점의 차이를 생각해보아야 한다.

현대사회에서 축제를 바라보는 인식은 집단놀이이며, 여가적 맥락에서는 유희적 즐거움의 대상이다. 원시공동체 사회와 달리 현대사회에서는 사회의 위기 상황을 극복하기 위한 리추얼(Ritual)로 축제를 개념하고 있지 않다. 그래서 이번 코로나19 상황처럼 현대사회에 사건이 발생될 때마다, 축제는 유희의 상징으로 인식되어 금기시되고 취소되어야 하는 우선순위가 되고 있다.

중세 유럽에서는 기독교 문화 속 카니발(Carnival)을 통해서 그 욕구와 표현이 축제의 모습으로 더 확실하게 물질화되었다. 엄숙함을 요구하는 교회의 축일들과는 달리 카니발은 모든 공식적 질서와 제약을 일시적으로 파기함으로써 자유와 평등이 지배하는 세계였다. 그것은 숨막힐 듯한 사회 안에서 일종의 균열이며 틈새와 같은 것이었으며, 일상의 모든 관행과 규범을 뒤엎는 전도된 왕국이었다.[3]

기발하고 창의적인 변장과 가면을 동원하여 해학적인 연극과 가장행렬을 하기도 하고, 풍부한 술과 음식이 제공되며, 심지어 남·녀 간의 짝짓기 등도 포함될 만큼 인간의 욕망이 거리낌 없이 표출되었다. 그런 양상을 보고 계몽사상가들은 카니발을 온갖 방탕과 무질서의 온상인 '판도라의 상자'라고 표현하였다.[4] 인간에게 축제는 비일상 시공간 속에 존재하는 한시적이지만 인간이 염원하는 새로운 세상이었던 것이다.

코로나19로 우리는 일상을 잃어버렸다. 인간이 인간을 경계하고, 인간이 모이는 것을 금하고 있다. 이동을 제한하고, 마스크를 쓰지 않으면 벌금을 내야 하는 세상에 직면하고 있다. 우리 모두는 고통 받고 있으며, 슬픔과 자괴감에 빠져 있다.

그래서 오히려 축제를 개최해 코로나19로 인한 고통을 희망의 에너지로 전환시키려는 노력이 필요하다. 축제의 멈춤이 아니라 다시 찾을 일상에 대한 염원을 축제로 개최하여 비일상적인 시공간 속에 담아내야 한다. 그런데 우리는 왜 축제를 개최하지 못하고 있는 것일까? 결국 축제를 인식하고 바라보는 관념의 시대적 차이 때문이다. 팬데믹 상황에서도 축제의 필요성은 요구되지만, 축제를 개최하지 못하는 것은 인간 사회의 변화와 축제의 진화 속에서 현대사회가 축제를 바라보는 시대적 특성 때문이다.

현재 대한민국 사회는 축제 취소로 인한 지역 경제의 침체와 이벤트사와 예술가들의 생존을 위협하는 상황을 바라만 보고 있다. 수많은 축제 전문가들은 침묵하고 있고, 지자체와 이벤트사 등의 입장만을 대변하고 있다. 축제가 존재해야 하는 이유를 경제적으로 바라보는 것을 비판했던 전문가들이 이제는 오히려 경제적인 관점으로만 바라보고 있다. 그것은 인류가 지금까지 실시했던 축제의 개념을 외형적으로만 바라보고 있기 때문이라 생각한다.

인간에게 축제는 왜 존재했는가? 인류가 축제를 지금까지 이어온 이유는 무엇인가? 축제의 존재 이유를 발견하는 과정에서 축제 취소에 대한 문제 인식과 비판적 사고를 가져야 한다.

전문가들은 코로나19가 2021년 하반기까지 우리와 함께 할 것이라고 예측하고 있다. 아울러, 코로나19를 잘 대처하더라도 2차, 3차 대확산을 넘어 새로운 변이 바이러스까지 발생하고 있는 상황이다. 2015년 우리에게 찾아온 메르스와는 상황이 다르다. 그렇다면 우리는 축제를 계속 취소해야 하는 것인가? 모두가 아니라고 부정할 것이다. 하지만 코로나19가 사라지지 않는 이상 어떻게 할 것인가? 백신만을 바라보며 버티고, 기다릴 것인가? 하지만 또 다른 질병이 기다리고 있다. 결국, 인간은 축제의 존재성을 지키며 팬데믹을 극복할 수 있는 변화될 사회를 미리 인식하고 대처하는 것이 필요하다. 그래서 축제의 표현과 운영 방식을 바꾸려는 노력이야말로 전환 시대 축제의 핵심 사고이다.

축제의 존재론적 고찰을 통해 우리는 축제가 인간에게 존재하는 이유를 발견할 수 있다. 그리고 뉴노멀 사회에서는 지금까지와는 다른 방식으로 문제를 풀어야만 축제를 개최할 수 있다는 결론에 도달하게 된다. 그리고 축제 운영 방식이 달라지는 것이 결코 축제성을 해치는 것이 아니란 사실도 깨달아야 한다. 요컨대, 지금까지 인간과 함께 했던 실재성 축제 개념을 넘어서는 개념이 필요하며, 이것을 '초월성' 개념으로 설명하고자 한다.

만약, 초월성 개념이 없다면, 우리는 외부 환경에 순응하고, 소극적인 자세로 축제를 취소해야 하는 것이 맞느냐? 아니냐? 를 놓고, 토론하는 수준을 벗어나지 못할 것이다. 그리고 지금과 같은 상황이 계속된다면, 우리는 정작 축제가 필요한 시기에 축제를 개최하지 못하는 모순에 빠지게 된다. 결국, 포스트 코로나 이후 뉴노멀 시대의 축제는 지금까지 개념했던 축제의 시공간을 넘어서는 초월성 축제로 전환되어야만 축제를 지속할 수 있는 것이다.

초월성 축제는 공간을 넘나드는 축제의 영역이다. 과거 카니발의 원형으로 고대 농경축제인 사투르누스제전, 디오니소스제전, 미트라제전이나, 현대사회에서 카니발의 명맥을 이어가는 브라질 리우카니발, 프랑스 니스카니발, 이탈리아 베네치아카니발 등은 모두가 장소에 기반을 둔 오프라인 개념의 축제이다.

일찍부터 인류는 새로운 공간을 개척하고 있다. 지구를 벗어나 우주를 개발하고 있고, 멀티미디어 속에 새로운 공간을 창출시키고, 온라인과 스마트폰 속에 새로운 인간 공동체를 생성시키고 있다. 따라서 이제는 장소기반과 오프라인을 넘어서는 새로운 축제의 공간 인식이 필요하다. 새로운 공간인 온라인에서 상상력을 발현시키고, 새로운 디지털 공동체를 만들어서 축제하는 인간의 욕구를 충족시켜야 한다.

초월성 축제에서 온라인 공간은 현대사회 축제에서 사라진 종교적 제의성과 카니발적 축제성도 복원시킬 수 있다. 사회적 가치가 약화된 현대사회 축제에 인류의 사회적 가치를 창조하며 연대와 협력의 새로운 공동체성도 만들어 갈 수 있다. 디지털 호모 페스티버스를 탄생시키고, 축제 체험과 놀이의 역동을 시공간을 넘어 온라인과 오프라인을 연계해 실시간으로 새롭게 설계할 수 있다. 그리고 장소기반 오프라인과 가상의 온라인 기반을 융합시킨 새로운 공간의 탄생은 팬데믹과 같은 축제 외부 환경 변화에도 탄력적인 운영으로 맞춤형 축제 개최 시나리오가 가능하다.

축제 개최는 오프라인과 온라인 모두에서 실시하고, 축제 개최를 위협하는 사건이 발생되면 축제를 취소하거나 축소하는 제한적 실시가 아닌 공간 전환의 선택과 집중 그리고 그 범위를 상황에 맞추어 결정하면 된다. 이것은 인류가 축제의 온라인 공간 개척을 통해 실재성 축제의 한계를 넘어서는 시공간 창출이 가능해졌기 때문이다.

이제 코로나19로 맞이한 전환 시대와 뉴노멀이라는 새로운 세상을 준비하는 시점에서 실재성 축제를 극복하는 기회로 초월성 축제를 인정해야 한다. 이제 포스트 코로나 이후 축제는 초월성 축제로 개념하며, 뉴노멀 시대의 새로운 축제에 대한 의미 부여와 실행은 인류의 과제가 된 것이다.

초월성 축제
인식론

인식론 차원에서 축제에 대한 물음은 축제 본질에 대한 질문일 수 있다. 우리는 축제를 어떻게 인식하는가? 왜 그것이 축제인가? 우리가 축제를 안다는 것은 무엇인가? 그리고 어떻게 알 수 있는가? 를 살펴보는 과정은 포스트 코로나 시대에 요구되는 초월성의 개념과 축제의 본질을 재발견하게 해준다.

축제를 구성하는 주요 인자(因子)[4]로 인간, 사회적 공간, 비일상 시간, 집단 표출로서의 행위 등은 축제를 인식하는 주요한 단서가 된다.

---
4) 인자(因子)는 어떤 사물의 원인이 되는 낱낱의 요소나 물질을 의미한다.

인간은 일상의 사회적 시공간에 비일상의 시공간을 인위적으로 만들어 일탈과 유희로서 집단적 행위인 축제를 즐기기 때문이다. 그리고 비일상에서의 축제행위는 일상으로 돌아온 개인과 사회에 순기능을 한다. 만약, 축제의 본질이 아닌 일탈된 행위만을 본다면 근대에 칼뱅주의자들이나 계몽사상가들처럼 축제를 부정적으로 볼 수 있다. 하지만 신학자 하비콕스는 '세속도시'에서 인간의 세속화 과정과 축제의 기능을 긍정적으로 보았다.

즉, 인간은 세속화 과정을 통해 인간의 존엄성과 자유를 위해 노력해야 하며, 세속화는 사회와 문화가 종교적 지배와 폐쇄된 형이상학적 세계관의 감독을 벗어나는 거의 되돌이킬 수 없는 역사적 과정을 의미하기 때문에 세속화는 기본적으로 우리를 해방시키는 발전이라 하였다.[5]

축제는 인간 스스로가 세상의 부정함에 대하여 정화하고 절대선(絶對善)과의 일치를 위하여 성화되고자 하는 행위 이전에 사회적 결핍을 충족하려는 인간의 의지와 욕구가 본질이다. 그리고 시대의 변화에 따라 축제의 일탈과 역동은 다르게 표출되었다. 고대와 중세에서는 종교를 중심으로 제의와 통과의례로 행해졌고, 중세 카니발을 지나 현대사회에서는 여가를 중심으로 관광과 도시 마케팅으로 이어지고 있다.

코로나19를 기준으로 이전의 실재성 축제나 포스트 코로나 이후 새롭게 도래할 초월성 축제 모두는 축제의 본질이 바뀌거나 달라지는 것은 아니다. 시대마다 사회적 결핍의 내용과 그것을 표출하는 인간의 축제 활용 방법론이 변화하는 것이다. 그래서 우리는 실재성 축제와 초월성 축제의 시대적 축제상을 다르게 개념할 수 있다. 그리고 시대적 축제상의 다름이 축제성을 해친다고 생각해서도 안 된다. 그것은 칼뱅주의자들이나 계몽사상가들의 개념으로 축제를 인식하는 것과 다를 바 없다.

지금, 우리는 실재성 축제의 시대적 개념에 사로잡혀 초월성 축제와 뉴노멀 시대를 제대로 바라보지 못하고 있다. 온라인 공간에서의 축제 접근을 부정하기 보다는 기존 오프라인 공간과 온라인 공간과의 융합과 방법론을 고민하고, 온라인 공간 접근을 어떻게 활용해야 하는 것인지에 대해 문제 인식을 가져야 한다. 결국, 코로나19 상황 속에서 대한민국 축제들이 생존하고자 선택한 온라인 공간에서의 축제 접근을 심도있게 통찰하고, 포스트 코로나 시대가 도래하기 전에 실재성 축제의 축제성을 초월성 축제의 축제성으로 전환시키는 노력을 조속히 현실화 해야 한다.

즉 실재성 축제 시대 축제의 본질과 정체성의 발견을 축제 철학 및 세계관으로 고찰하고 뉴노멀 사회 축제성으로 재해석 해 초월성 축제에 적용할 수 있도록 해야 한다는 것이다.

실재성 축제가 장소를 기반으로 한 집단적 표출이었다면 초월성 축제는 집단적 표출이 제한되고 금기된 상황 속에서 장소를 초월한 시공간의 개념이다. 즉 온라인과 오프라인을 연결한 O2O시스템 속에서 자유롭고 다양한 방식의 표현이 구현되는 것이다.

초월성 축제는 방식의 다양성과 콘텐츠의 다원성 결합으로 참가자 자아(自我)와 타자(他者)와의 상호작용이 온라인을 통해 세계적으로 연결되며 글로벌이라는 축제 환경을 구축할 수 있다. 이것은 축제의 확장성을 무궁무진하게 하고, 축제의 유희성을 캐릭터, 게임, 애니메이션 등 엔터테인먼트 산업과의 결합까지도 상상해 볼 수 있게 한다. 여기서 중요한 것은 인간의 본성과 본질이 과연, 축제의 확장성을 어디까지 허락할 것인가에 있다.

인간은 과연 어떤 본성과 본질을 가지고 있을까? 하비콕스는 세속 도시에서 인간의 존재를 5가지로 설명하고 있다. 첫째, 책임적 인식과 역할의 현실성 및 정확성을 볼 수 있는 변화하는 존재이며, 둘째, 사회적·공동체적이라는 타자와 결부된 존재로서의 인간이며, 셋째, 일을 행하며 성취하는 행위의 주체로서 존재이며, 넷째, 세속적·성서적 의미로 사용되는 책임의 주체가 되는 성인된 존재이며, 다섯째, 노동을 하고 사색을 하며, 노래와 춤과 명상과 기도, 그리고 설화를 말하며 환상과 꿈을 꾸는 축제적·환상적 존재이다.[6]

초월성 축제에서 인류가 온라인 공간을 개척한 것의 의미는 축제적·환상적 존재로서 인간의 본성과 본질이 시대 전환의 상황에서 축제 멈춤의 결핍을 해결하려 한 것으로 해석된다. 인간은 뉴노멀 사회로의 전환이 이끌 축제의 변화를 현실성과 정확성을 가지고 보았으며 공동체 사회에서 타자와 결부된 존재로서 인간의 연결을 지역사회와 대한민국에서 이제는 글로벌로 바라볼 수 있게 되었다. 고대·중세·근대·현대로 넘어오면서 각 시대마다 인간과 사회의 결핍을 사회·문화적 맥락에서 축제로 담아내고 표현했던 방식은 시대적 가치를 품고 늘 새롭게 변화하였다. 이에 초월성 축제도 4차 산업혁명과 뉴노멀 사회라는 새로운 시대의 가치를 축제에 담아 표현하는 것이 필요하다.

초월성 축제는 코로나19로 혼돈의 시간을 보내고 있는 인류가 뉴노멀 사회를 바라보며 받아들이는 문화적 실천의 대표적인 사례가 될 것이다. 코로나19는 익숙했던 일상을 잃어버리게 했고, 새로운 일상을 탄생시켰다. 포스트 코로나 이후 새로운 일상의 시대적 전환을 앞두고 있는 인류는 사회와 공동체를 기반으로 현재의 문제를 극복하고 뉴노멀 사회로 나아갈 것이다. 그 이유는 인간의 문화적 본성과 본질 때문이다. 결국, 인류는 팬데믹을 극복하고 뉴노멀 사회에서 지속가능한 성장 축제로서 초월성 축제를 인정하고 받아들이게 될 것이다.

하비콕스는 바보제(The Feast Of Fools)[5]에서 인간의 본질을 제축인(Homo Festivus)과 환상인(Homo Fantasia)으로 강조하였다. 그리고 축제의 문화적 본질을 두 가지 중요한 의미로 설명하였다.

하나는 그것이 축제(Festival)라는 것이다. 노동은 인간 삶의 만족을 위한 중요한 방편이지만 그 자체가 지상 목적이 될 수는 없다. 제축은 오락이나 명상처럼 그 자체에 목적이 있으며, 다른 무엇을 위한 방편이 아니다. 이런 것이 없는 생활은 인간적 생활이라고 부를 수 없다. 제축이 있음으로써 노동은 자신의 자리를 찾게 된다. 바보제의 또 하나의 중요한 요소는 환상과 사회 비판 정신이다. 바보제는 사회적 신분의 부동성을 폭로하였고 민중으로 하여금 그 현상이 당연한 것이 아님을 깨닫게 하였다.[7]

현대인들은 산업화 물결과 함께 경제적 풍요는 달성하였지만, 제축과 환상의 능력을 거의 잃어버렸다. 축제의 문화적 본질인 제축과 환상의 상실은 서구인들에게 있어서 세 가지의 치명적 상실을 가져 왔다. 첫째 인간은 그 본성으로 미루어 볼 때 노동과 사색뿐만 아니라 노래와 춤, 기도와 설화, 경축의 행위를 가지고 있는 존재이다. 그러나 인간은 그 본질적 요소를 박탈당함으로써 개인적 상실을 경험하였다. 둘째 인간은 역사적인 존재로서 끊임없이 변화하는 세계에서 생존하기 위해

---

5) 하비콕스는 중세 바보제의 모습 속에서 포스트모던 신학에 있어서 놀이신학의 필요성을 주장하였다.

혁신적이고 적응적이어야만 한다. 제축과 환상이 인간의 과거와 미래를 현재에서 연결시킴으로써 그것을 가능하게 하였다. 그러나 그 능력을 상실함으로 인간은 사회적 상실을 경험하였다. 마지막으로 인간은 자기 자신의 생명을 역사적 우주적 장면이라는 보다 더 큰 테두리 안에서 파악하는 종교적 존재이다. 그러나 대자연의 운명 수행에 있어서 인간이 점유한 지위를 감지하는 중요한 감각수단인 제축과 환상을 포기함으로 종교적 상실을 경험하였다.[8]

이상과 같이 현대사회 축제는 개인적 상실, 사회적 상실, 종교적 상실을 경험하는 것으로 볼 수도 있지만 전통사회에서 현대사회로의 시대 전환이 축제에 반영된 것이라고 생각해 볼 수 있다. 즉 하비콕스는 축제를 통해서 바라보는 시대 비판적 사고가 강한 것으로 해석된다. 하지만 이것은 축제가 시대를 반영하고 있으며, 시대에 따라 그 모습을 달리한다는 것을 반증해 주는 것으로 볼 수 있다.

현대사회는 산업화와 도시화를 통해 사회적 형태가 익명성과 이동성으로 변화하였고, 축제는 종교성과 공동체, 사회적 관계성이 약화되었다. 하지만 노동의 상대적 해소로서 여가적 맥락에 일탈적 축제가 존재하게 되었고, 환상과 사회적 비판정신 대신에 놀이로서 유희적 축제를 존재시켰다. 초월성 축제는 현대사회의 실재성 축제를 기반으로 온라인 공간을 개척해 시공간을 초월한 진화된 축제이다. 초월성 축제의 탄생은 4차 산업혁명과 디지털 환경을 활용하여 실재성 축제의 한계를 극복할 뿐 아니라 전환 시대 인류가 축제의 본질을 새롭게 이어가는 플랫폼이다.

그동안 축제는 주술의 힘이 지배하는 사회에서 유일신의 탄생과 왕권이 지배하는 사회에서 도구로서 그 기능을 충실히 하였다. 산업화와 도시화 속 여가 중심 사회로의 변화는 개인과 가족을 중심으로 축제에서 일상을 회복하고, 사회는 관광을 통해 지역 경제를 창출하는 도구로 활용하였다. 그리고 시대마다 축제의 이상점, 표현과 실천의 방법은 달랐지만, 인간은 항상 축제 속에서 일탈적 욕구와 유희적 본능으로 사회적 결핍을 해소하는 경험을 만들었고, 그러한 인간의 본성과 본질을 삶 속에서 축제문화로 실천하고자 하였다.

초월성 축제는 실재성 축제에서 노동에 의한 몸과 마음의 치유, 개인과 공동체의 관계 회복 그리고 인간이 축제하는 본질 모두를 포함하며, 자연과의 관계까지도 풀어내는 인류의 새로운 문화 실천 매개체가 될 것이다. 전환 시대 인간의 욕망이 무너뜨린 자연을 보호하고, 개인을 넘어 사회를 지켜내는 희망의 에너지가 곧 초월성 축제이다. 또한 초월성 축제는 온라인을 통해 개인과 공동체를 새롭게 회복시키는 기폭제가 될 것이다. 결국, 실재성 축제를 넘어서는 초월의 힘은 인간이 상실한 제축과 환상을 다시 회복시킬 것으로 보인다.

초월성 축제
실천론

실천론 차원에서 축제가 실시되는 것에 대한 물음은 인류가 축제를 통해 지향해야 할 목적 그 자체를 묻는 것이라 생각한다. 하비콕스는 평상시에 억압되고 부정하였던 감정의 표현이 사회적으로 허용된 기회를 축제로 보았으며, 축제에는 '의식적 과잉성'(Conscious Excess), '축의적 긍정성'(Celebrative Affirmation), '대국성'(Juxtaposition)이 나타난다고 하였다. 과잉성이란 제축적 행위가 언제나 사회적인 관용 속에서 '지나친 짓'으로 표현됨을 의미한다. 즉, 제축은 인습으로부터 짧은 휴가를 마련해준다. 그럼으로써 인간은 현재와 미래를 위한 준비단계로 얽어매는 것에서 벗어나 과잉의 상황 안에서 순간을 포옹하며 기뻐할 수 있다. 긍정성이란 우리가 실패와 죽음의 사실이 엄존함에도 불구하고 생명과 그 명랑성을 긍정하는 자세를 의미한다. 그럼으로써 인간은 알 수 없는 미래의 모든 영역을 긍정하게 된다. 대국성에서 제축은 눈에 띨 정도로 '일상생활'과 상이한 것이어야 한다. 그것을 실감하려면 일상생활과의 대조가 잘 이루어져야 한다. 한 축일의 제축으로서의 성격은 그 축일의 예외성이 이를 결정하는 것이다. 대국성은 우리가 잠시 역사로부터 이탈해 영원으로 들어가는 것을 허용함으로써 역사의 연속성을 더 한층 의식하게 만들어준다.[9]

축제는 인간이 일상을 긍정하고 회복시키기 위한 경계(境界)로서 비일상의 방식으로 일상의 문제를 혁명적 세계관으로 배출하는 것으로 볼 수 있다. 이에 바흐친은 카니발에서 보이는 전도적·비일상적 성격을 축제의 가장 기본 성격으로 지적하고 있다.[10] 그리고 카니발은 긍정하기 위해 부정하고, 존중하기 위해 조롱하며, 올라오기 위해 내려간다. 궁극적으로 카니발 속에서 삶은 죽음을 내보이고 죽음은 또 삶을 내보인다. 즉, 카니발은 모든 사람이 참여하는 부활과 갱생의 축제라는 것이다.[11]

초월성 축제는 부활과 갱생이라는 축제 목적 달성을 참여 방식의 전환으로 이끌어 낸다. 실재성 축제와는 달리 초월성 축제는 축제장을 포함해 각자의 공간이 곧 축제장이 될 것이며, 각자의 방식으로 축제에 참여하고, 실시간이라는 집단성이 다양한 과잉성과 대국성을 만들고, 축의적 긍정성이 모두를 하나로 연결시킨다. 짜여진 매뉴얼이 아닌 스스로가 매뉴얼을 만들고, 다양한 방식과 각자의 해석으로 사회적 결핍을 표현하고 실천한다. 공간의 연결과 참여의 연대로 만들어진 새로운 축제 문화가 일상과 비일상의 경계를 연결하여 개인의 행복과 공익을 실천하는 뉴노멀 사회의 문화적 패러다임이 된다.

아르놀드 방주네프(Arnold Van Gennep)[6]는 통과의례를 분리

---

[6] 독일태생이지만 네덜란드식 이름을 갖고, 프랑스 민속학자로 살았다(1873-1957). 이에 통상적으로 사용하는 표기를 따랐다.

(Separation), 전이(Transition), 통합(Incorporation)의 3단계로 구분하였으며, 터너(Victor W. Turner)는 이 개념을 리미널(Liminal)과 리미노이드(Liminoid)로 설명하였다. 즉, 부족사회 의례의 리미널이 현대사회에서는 리미노이드로 변용되었으며, 리미노이드는 의례성이 약화되고 놀이성과 여가성이 강화된 사회적·예술적 퍼포먼스를 새로운 시각으로 보게 하였다.[12] 방주네프의 리미날리티(Liminality)는 경계성으로 전 단계를 벗어났지만, 아직 다음 단계로 진입하지 못한 모호한 상태를 지칭해 통상의 분류 체계 밖에 존재한 상태를 말하며, 이것도 저것도 아닌 둘 다인 상태를 말한다.[13]

다시 말하면, 사육제 기간처럼 뒤집어지고, 일상적 행동이 정반대로 행해진다. 구조가 분리 이전과 재통합 이후의 상태를 가리킨다면, 반구조(Anti-Structure)와 커뮤니타스(Communitas)는 이미 분리되어 아직 재통합되지 않은 상태를 지칭하며, 반구조는 종전 틀이 전복된 측면을 나타내는데 반해 커뮤니타스는 종전 틀 자체가 와해된 것을 강조한다.[14] 즉, 축제의 준비기는 일상적인 시공간으로부터의 일시적인 단절과 분리가 일어나는 순간이다.[15]

그리고 축제가 연희되면서 인간은 반구조와 커뮤니타스를 경험하게 되며, 이 순간을 현대에서는 리미노이드로 설명하는 것이다. 이러한 과정에서 알 수 있는 것은 축제가 끝남과 동시에 다시 일상을 회복하면서 본래의 일상적 자리로 되돌아오지만 축제를 연희하기 전과는 질적

으로 동일할 수 없는 것에서 의례와 연극의 재통합 과정과 유사한 효과를 낸다는 것이다.[16]

초월성 축제는 인간의 리미노이드 한 시공간을 의도적으로 다양한 방식으로 만들어 낼 수 있으며, 이러한 리미노이드의 창출은 축제 장소에 국한된 것이 아닌 온라인을 통하여 다양한 개체들에 의해 실천된다. 일상과 분리된 축제의 시공간은 축제장을 넘어서 인간이 머무르는 공간이 곧 축제장으로 확장되고, 온라인을 통한 초월적 연결은 지역과 국경을 넘어 전 세계에서 축제장을 벗어나는 이탈과 일탈의 경험이 실시간으로 이루어지게 될 것이다.

결국, 모든 축제의 비전과 주제는 지역을 넘어서 인류의 공익적 가치를 담아 연결된다. 그래서 국제적 연대와 실천의 리미노이드 경험은 재통합된 일상과 연결되고, 축제 속 리미노이드 공동체는 축제 이후 개인의 삶과 사회에 새로운 아이덴티티(Identity)와 재통합을 경험한다. 전통사회 축제에서는 종교적 제의와 전복(顚覆)으로 경험할 수 있었으나 현대사회 축제에서는 이러한 경험은 시대적 특성에 의해 사라졌다. 그러나 초월성 축제에서는 현대사회 축제에서 사라진 종교성과 공동체성의 회복, 전복이라는 축제성을 재해석하여 종교적 제의나 전복 등이 디지털 기반의 새로운 방식으로 연출될 수도 있다.

초월성 축제의 지향점은 전환 시대를 지나고 있는 현 시점에서 개인과 사회적 결핍을 해소하고자 하는 인류의 욕구를 문화적으로 풀어내는 실천에 있다. 온라인과 오프라인이 융합된 축제 공간과 콘텐츠 기획은 세계인을 대상으로 지역과 국경을 초월해야 하며 축제 참가자들에게 부활과 갱생의 연출을 경험시켜야 한다.

초월성 축제 참가자들은 저마다의 공간에서 리미노이드한 상황을 어떻게 경험할 수 있는가? 어떻게 초월성 축제가 세계인들의 축제로 인정받게 할 수 있는가? 를 고민하는 것이 초월성 축제 기획의 실천론이 될 것이다.

초월성 축제
감성론

감성론은 축제의 심미성에 대한 철학적 고찰이다. 축제는 아름다운 것인가? 축제의 아름다움은 무엇인가? 미학의 근본은 아름다움을 성립시키는 주관적 원리와 아름다움이라는 가치를 가지고 있는 객관적 사물로 크게 나뉜다.[17]

이에 축제의 감성론적 물음은 축제가 인간에게 아름다운 이유를 찾고, 축제의 아름다움을 발견하는 데 있다.

전통적으로 미학 이론은 미학적 사고에 의해서 크게 3가지로 구분되고 있는데 형상론(예술작품 미적 대상), 표현론(예술가), 태도론(감상자)이다.[18]

현대사회 축제 연출가는 축제에 영혼을 담아 기획·제작·연출을 하며, 참가자들은 축제 감상자가 되어 축제의 아름다움을 경험한다. 축제 주최측이나 연출가 입장에서 축제는 하나의 작품이다.

과거 원시공동체사회, 고대사회, 중세시대 축제는 종교와 권력 구조 속에서 행해졌다. 피지배 계층 또는 민중을 대상으로 개최된 축제는 지배계층과 종교 지도자에 의해 마련되었다. 축제는 탈구조적 역치성(易置性, Liminality) 속에서 인간과 신이 만났고, 제의를 통해 인간과 신은 하나 되었으며, 축제 속 일탈은 인간들에게 놀이와 예술의 형식을 경험시켰다. 축제가 끝나면 일상과의 재통합을 통해 인간은 삶과 사회에 치유와 소통을 만들어 냈으며, 비일상 축제는 커뮤니타스(Communitas)[7]가 되었다.

[7) 류정아(2013)는 축제이론, 커뮤니케이션북스 p.39-40에서 코뮤니타스를 다음과 같이 설명하였다. 터너는 신성하고 종교적인 순간을 '리미날리티 단계'라 칭하고 이러한 단계에 머물러 있는 사람들이나 그들이 모여 있는 상황이나 공간을 '코뮤니타스'라고 부른다. '코뮤니타스'는 '커뮤니티(Community)'와 동일한 어원에서 나오는 말이나 커뮤니티가 지역적·공간적 의미만을 규정하는 한계를 지닌 것으로 주로 인식되고 있기 때문에 터너는 시간적·공간적 의미를 모두 포괄하는 '코뮤니타스'라는 용어를 사용했다.

현대사회 축제는 산업사회를 넘어 여가 시대를 맞이한 사회적 배경 속에 노동을 벗어난 시간의 소비이면서 노동으로부터 휴식과 회복의 탈출구 역할을 하고 있다. 태초부터 축제는 인간에게 세상의 고통을 잊고, 노동에서 벗어나, 모두가 평등한 이상 세계를 경험하여 현재의 세상을 긍정하게 하는 아름다운 시공간이었다. 우리는 이러한 축제의 아름다움을 초월성 축제에서 표현의 미학, 경험의 미학, 질서의 미학으로 구분해 이야기해 볼 수 있다.

첫째, 표현의 미학은 축제 주최자나 제작자의 미학으로 축제가 일상의 시공간에 비일상 시공간을 표현하는 것이다. 전통사회에서는 제의로서, 현대사회에서는 유희로서 표현되었다. 과거 인간은 신을 만나는 형식으로 제사장을 중심으로 제단, 희생제물과 의식을 통해 일상의 시공간을 신성한 영역으로 탄생시켰다. 지배자는 이러한 표현이 자신의 권력을 표현하는 상징적 의미도 있어 그 규모는 크고 웅장했다. 피지배자들은 그 공간과 오브제에서 신비로움과 아름다움을 감상할 수 있었고, 음악과 무용 등이 그들을 제사에 집중시키고, 신을 만나는 감정을 끌어올려 제례 시 그 감정을 터지게 했다. 현대에도 아름다운 축제장 조성을 위해 노력하는 점이 같은 맥락으로 볼 수 있다. 입구, 메인 무대, 방문객 동선, 텐트, 음향, 조명, 편의 시설, 기념품, 운영자 의상, 안내판 등에 기능성을 넘어 각각이 공간의 미적 아름다움을 표현하는 오브제가 되고 공간을 콘텐츠화시키기도 한다. 주제 공연이나 프로그램의 제작과 연출도 유희와 감동을 줄 수 있는 표현을 중요하게 여기고 있으며, 참가자들은 물리적 환경과 콘텐츠의 표현을 통해 감동하고 있다.

실재성 축제와는 달리 초월성 축제는 공간의 초월을 기반으로 하고 있다. 공간의 다양성과 다원성은 축제 표현의 미적 주체를 주최측이 아닌 참가자로 전환한다. 실재성 축제는 주최측이 이끌고 가는 운영구조라면 초월성 축제는 참가자가 자율적으로 표현하고, 개인적 특성에 따라 다양하게 표현되는 축제이다. 즉, 주최측은 공간 및 참여를 위한 최소한의 연결과 서비스만을 제공하고, 참가자가 이런 환경의 연대와 협력을 이끌고 콘텐츠를 구축하여 각자의 개성으로 축제를 즐기고 교류하는 개념이다. 즉 심미성의 주체는 주최측이 아닌 참가자이며 이들은 초월적인 연대를 통하여 축제의 아름다움을 개성있게 표현하고 만들어가게 된다. 주최측은 축제를 표현할 수 있는 초월적 시스템과 미완의 콘텐츠를 제공하고, 콘텐츠의 완성은 참가자가 자기만의 이야기로 채워가는 개념이다. 실재성 축제 시대의 축제 운영 방식과는 전혀 다른 방식이다.

둘째, 경험의 미학은 축제 참가자 미학으로 일상과 분리된 시공간의 축제가 참가자에게 카타르시스(Catharsis)[8]를 경험하게 하는 것이다. 신

---

[8] 카타르시스는 아리스토텔레스가 만든 용어로 디오니소스 제전에서 비극을 관람할 때 체험은 인간을 한계까지 몰고 감으로써 오히려 그로부터 벗어나 환희에 이르게 된다는 점을 관찰했는데, 비극적이고 부정적인 체험 속에서 인간은 자신의 한계와 무력함을 느끼게 되지만 바로 그 순간에 오히려 인간은 이성의 구속으로부터 벗어나 보다 자유로운 초월을 체험하게 된다고 보았다. 그럼으로써

을 만나는 경험으로 제를 올리고, 그 이후에는 인간 중심에서 제사 지낸 음식을 나누며 신과 함께하는 경험을 했다. 그리고 공동체 구성원과 일치감과 유대감 속에서 그 기쁨을 술·춤·경기·연극·행렬 등으로 밤새 즐겼고, 이러한 일탈성·잔치성·유희성의 경험은 인간의 삶과 사회에 카타르시스를 선물하였다. 현대사회 인간은 축제를 대표하는 핵심 프로그램(킬러 콘텐츠)에 방문객 참여를 집중시키고, 개인으로 살아온 일상의 삶에서 집단을 경험 시켜 비일상의 시공간으로 축제에 몰입하게 하였다. 그리고 집단 속 개인은 다른 사람을 의식했던 이성적 일상과는 달리 이성이 해체된 유희의 카타르시스를 노동에서 해방되어 집단 놀이를 통해 진정한 여가를 즐겼다.

개인 중심의 현대사회에서 집단성 표출을 경험한다는 것은 새롭고 일탈적이다. 왜냐하면 집단의 상호작용은 연출된 것이 아니라 현장성에 있기 때문이다. 개인에서 집단으로 상호작용된 그 순간 개인의 몰입은 내가 아닌 우리라는 새로운 나를 탄생시키고 집단으로 하나가 되게 한다. 그리고 그 무리 속에 자아가 존재한다는 것은 짜릿한 일탈이며 새로운 세계의 경험이 된다. 인간은 그 속에서 축제하는 기쁨과 축제를 통해 삶의 해방감을 맛보게 된다.

인간의 영혼은 한 차원 더 고양된다. 즉, 심리적 정화작용(淨化作用)으로 마음속에 억압된 감정의 응어리를 언어나 행동을 통하여 외부에 표현함으로써 정신적으로 정서적으로 안정을 되찾는 일을 카타르시스라 한다.

초월성 축제에서의 집단성 개념은 실재성 축제에서의 집단성 개념과는 다른 개념이며, 카타르시스에 이르는 과정과 참여방식도 다르다. 킬러 콘텐츠는 집단성 개념에서 분산에 의한 개별화 개념으로 변화되어 각각의 공간에서 경험하는 콘텐츠가 곧 킬러 콘텐츠가 될 것이다. 그리고 온라인으로 연결된 상호 간 소통은 공감과 참여를 응집시키고, 연대로 몰입되어 연대의 집단성이 새로운 카타르시스를 제공할 것이다.

즉, 일정한 공간에 킬러 콘텐츠를 즐기도록 집단을 구성했던 실재성 축제와는 달리 초월성 축제는 연대의 집단성을 통해 온라인과 오프라인 각각의 공간이 랜선으로 연결되고, 전 세계가 오프라인 축제를 중심으로 온라인에서 실시간으로 상호작용하는 순간을 만든다. 연대의 집단성은 그 순간 공간을 초월해 인간의 감성에 감동이라는 새로운 카타르시스를 선물할 수 있다.

예컨대, 코로나19로 고생한 의료진에게 대한민국 국민이 감사와 응원의 메시지를 담은 '덕분에 챌린지' SNS 캠페인도 초월성 축제의 집단성과 카타르시스를 연출하는 하나의 형식이 된다. 결국, 초월성 축제에서 경험의 아름다움은 공간과 연대의 초월성에 있다.

셋째, 질서의 미학은 인간과 사회가 축제를 통해 욕구를 표출하고, 경험한 후 일상과 새로운 통합 속에서 긍정으로 조율되는 해방감이다.

즉, 축제 이후 다시 찾은 일상은 새로운 세상에 대한 인식과 그 세상을 향해 나아가도록 삶과 사회를 긍정하게 하며, 인간과 사회를 정화시키고, 매년 순환시키는 매개체가 된다.

과거 자연과의 싸움에서 생존하고자 하는 인간의 욕구, 사회적 모순을 바로잡기 위한 피지배 계층의 욕구, 자신의 권력을 유지 및 정당화하기 위한 지배층의 욕구가 문화적 표출로서 축제를 통해 제의와 난장트기로 운영되었으며, 이러한 해방의 경험이 곧 인간으로 하여금 개인과 사회를 조율하도록 하였다.

현대사회의 산업화와 도시화에 의해 야기되는 노동의 문제는 인간에게 여가의 욕구를 발생시켰으며, 여가 사회의 등장과 축제의 결합은 인간이 노동과의 단절인 여가 시간에 축제를 통해 자아실현의 욕구를 충족시키는 경험을 만들도록 하였다. 축제 이후 일상과의 재통합은 노동이 인간의 존엄함을 드러내고, 자아를 완성시키는 수단으로 바라보게 하였다. 즉, 축제는 인간과 사회 그리고 인간의 삶에 노동의 가치를 긍정하게 하고, 노동을 여가와의 대립적 가치가 아닌 상호보완의 합일적 가치로 전환한 것에서 축제의 아름다움을 발견할 수 있다.

또한 축제는 정치 및 행정의 지역개발 욕구와 맞물려 과거와는 다른 새로운 양상을 띠게 되었다. 즉, 축제는 순수 지역민을 대상으로 한 개념에서 타지역 주민의 여가 활동 공간으로 지역을 판매하는 관광이 접목되었고, 비일상 시공간에 지역 주민과 관광객을 함께 품게 되었다.

다시 말하면 축제의 시공간을 다루고, 대상을 접근하는 방식이 과거와는 완전히 달라진 것이다. 실재성 축제에서 전통사회는 질서의 미학으로 개인과 사회적 차원의 가치를 추구했다면 현대사회는 개인적 차원, 사회적 차원 그리고 경제적 차원으로 가치가 확장되었다. 축제에서 이러한 질서의 미학은 개인과 지역사회의 질서를 잡아가고자 하는 것이 특징이라 볼 수 있다.

초월성 축제는 포스트 코로나 이후 새롭게 전개될 뉴노멀 사회의 질서를 문화적으로 잡아주는 중심 주체가 된다. 코로나19로 정지된 사회는 전 세계에 공포를 경험시키고 있다. 공포관리이론에 따르면 공포심에 빠진 생명체는 스스로를 지키기 위한 방어적 행동을 하거나 두려움에 빠져서 아무런 행동을 하지 않고 무기력해진다고 한다. 코로나19로 연극, 전시, 공연, 축제 등 각종 문화 행사가 취소되면서 관련된 산업 분야 종사자들뿐만 아니라 문화를 향유하지 못하는 시민들도 전쟁과 같은 공포를 경험하고 있다.

초월성 축제는 또다시 이런 상황이 오더라도 축제가 멈추지 않도록 방어해주는 시스템의 역할을 한다. 뉴노멀 사회에 축제를 바라보는 패러다임이 어떻게 전환되어야 하는지를 제시하고, 앞으로의 축제 기획과 축제 운영의 가치와 철학이 무엇을 지향해야 하는지 그리고 어떻게 전개되어야 하는지에 대해서 새로운 질서를 제시한다. 그리고 인간이 축제를 통해 재통합된 뉴노멀의 일상에서 비대면과 거리두기를 극복하고 새로운 방식의 연대를 통해 개인과 사회 그리고 경제에 어떻게 접근해야 하는지 방법론을 제시한다.

초월성 축제에서 질서의 미학은 개인적 차원에서 안전과 자아실현을 동시에 이룰 수 있도록 해주며, 사회적 차원에서는 연대를 통한 관계 구축이 지역과 인류를 변화시키는 공익적 실천으로 이끈다. 경제적 차원에서는 오프라인의 브랜드 가치와 자산을 키워주는 브랜딩이 온라인을 통해 연결되어 오프라인 축제장과 지역 관광명소에는 일상에도 방문자를 창출시킨다. 양적 성장에서 질적 성장을 추진했던 실재성 축제는 이제 전환 시대를 맞이하여 축제의 체질 개선을 초월성 축제로 이끌어 전환되어야 한다. 그리고 초월성 축제는 뉴노멀 사회에서 개인과 사회의 결핍을 공생과 행복으로 조율해주는 인류를 위한 선물이 될 것이다.

초월성 축제 세계관
뉴노멀의 시각으로 축제를 바라보다

세계관(世界觀, Worldview)이란 어떤 지식이나 관점을 가지고 세계를 근본적으로 인식하는 방식이나 틀이다. 세계관은 자연 철학 즉, 근본적이고 실존적이며 규범적인 원리와 함께 주제, 가치, 감정 및 윤리가 포함된다.[19]

실재성 축제는 크게 산업화와 근대를 중심으로 이전과 이후의 축제로 구분할 수 있으며 구체적으로는 전통적 축제와 현대적 축제로 나뉜다. 앞서 실재성 축제에서 전통적 축제는 종교를 중심으로 정치와 문화적 맥락에서 축제가 인간 세계 욕구에 기능하며 공존했다는 것을 알 수 있었다. 반면에 현대적 축제는 여가를 중심으로 관광과 도시적 맥락에서 인간 세계의 수단으로 전개되고 있으며 <그림 1>과 같다.

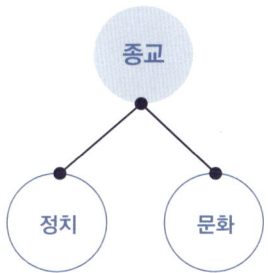

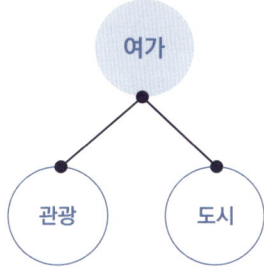

그림 1 실재성 축제 세계관

초월성 축제 세계관에서는 실재성 축제에서 바라보는 축제 세계관을 고찰해 뉴노멀 사회에서 요구되는 축제 인식의 방법과 틀을 새롭게 정립하고자 한다.

실재성 축제에서 여가, 관광, 도시적 세계관을 가지고 있는 현대적 축제 세계관은 종교, 정치, 문화가 중심이었던 전통적 축제 세계관과 충돌하고 있었다. 제의성이 사라진 현대축제는 잘못된 것인가? 공동체성이 사라진 축제는 축제의 가치가 사라지는 것인가?에 대한 축제 세계관 고찰은 시대적 관점에 의해 축제의 시대상을 발견할 수 있으며 고정된 것이 아니라 변화하는 것을 알 수 있다.

대한민국 많은 축제 전문가들은 전통적 축제 세계관을 엿볼 수 있는 카니발이나 집단놀이 형태의 외국 축제 사례를 가지고, 대한민국의 현대적 축제를 비판하고, 잘못된 것으로만 지적하고 있다. 시대 변화에 대응하는 축제의 모습은 당연하다. 앞서 초월성 축제의 철학적 사유에서 언급하였듯이 인간은 시대적 결핍을 문화적으로 표출하는 본성을 가지고 있으며 그 표출의 매개체가 축제였다. 초월성 축제 세계관은 전환 시대의 문화적 결핍을 진단하고, 뉴노멀 사회의 시대적 여건과 상황에 맞추어 인류가 전환해야 할 축제 패러다임의 새로운 사고이다.

이러한 맥락에서 현대사회 축제 전문가들은 현대적 축제에 대한 세계관적 진단과 평가에 대한 문제 인식이 부족하였다. 축제별로 차별성과 고유성이 없는 것에 대한 문제점을 지적하고 킬러 콘텐츠를 만들어야만 한다는 축제적 제언은 어느 순간 매뉴얼이 되어 버렸다. 그리고 현장의 행정 조직이나 축제 실무 조직은 대안 없는 전문가들의 뻔한 이야기에 거부감을 느끼고 있었다. 여가 사회에 대한 진단, 인간과 축제성에 대한 고찰, 민관협력의 축제 거버넌스 정책, 축제를 통한 일상의 사회적 시스템 구축 등 축제의 사회문화적 역할과 현대사회 축제의 본질에 대한 연구는 간과된 채, 경제적 효과를 중심으로 참가자 만족과 성과만을 위한 정량적 연구가 주를 이루었다.

축제 현장에서 전문가들이 현대사회 여가·관광·도시를 통섭하여 축제를 바라보아야 한다는 요구가 커지는 것은 전문가들이 현대사회와 축제에 대한 세계관 정립을 하지 못하고 있다는 점을 잘 보여준다. 그리고 이러한 상황에서 우리는 코로나19를 맞이했다.

결국, 현대사회 축제가 정리되고 정립되지 못한 상황에서 인류는 초월성 축제 시대를 맞이한 것이다. 이에 우리는 실재성 축제의 전통적 축제 세계관과 현대적 축제 세계관을 정리하고 구분해 볼 필요가 있다. 즉, 전통적 축제의 세계관이었던 종교·정치·문화와 현대적 축제의 세계관이 된 여가·관광·도시를 중심으로 실재성 축제 시대에서는 인간이 축제를 어떻게 바라보았는가에 대한 고찰을 통해 초월성 축제의 세계관을 살펴보고자 한다.

전통적 축제와
초월성 축제 세계관

1) 종교

인류는 원시종교에서 축제의 기원을 찾고 있다. 원시공동체 사회에서 종교는 애니미즘(Animism)[9], 토테미즘(Totemism)[10], 샤머니즘(Shamanism)[11]이라는 원시신앙으로 나타났다. 원시인들은 모든 생물과 사물에 영혼이 있다고 믿었다. 그리고 그 중에 어떤 자연물을 자기 부

---

9) 정령신앙(精靈信仰), 물활론이라 불린다. 해, 달, 별, 강과 같은 자연계의 모든 사물과 불, 바람, 벼락, 폭풍우, 계절 등과 같은 무생물적 자연 현상과 생물(동·식물) 모두에 생명이 있다고 보고, 그것의 영혼을 인정하여 인간처럼 의식, 욕구, 느낌 등이 존재한다고 믿는 세계관 또는 원시 신앙이다. 환언하면, 애니미즘은 각각의 사물과 현상 즉, 무생물계에도 정령(精靈) 또는 영혼, 즉 '눈에 보이지 않는 어떤 영적인 힘 또는 존재'가 깃들어 있다고 믿는 것이다. (위키백과)

10) 토템은 어떤 종류의 동물이나 식물을 신성시하여 자신이 속해 있는 집단과 특수한 관계가 있다고 믿고 그 동·식물류를 토템이라 한다. 토테미즘은 토템과 인간집단을 둘러싼 신념, 의례, 풍습 등의 제도화된 체계 및 종교형태를 말한다. (위키백과)

11) 신적인 존재를 불러들이는 무당(巫堂), 곧 샤먼(shaman)을 중심으로 한 신앙 체계이다. 샤먼은 춤·노래·주문 등을 반복하고 간혹 약물 등으로 보조함으로써 엑스터시적 이상심리 상태로 몰입하고, 주장되길 초자연적 신령계에서 나오는 정보를 전달하거나 길흉을 점치고, 귀신을 제거하며 병을 고친다. 샤먼은 초자연력을 가진 인물이거나 아니면 신령(神靈)과 직접적인 관련을 가진 사람으로 여겨지며, 신자들은 그 힘을 빌려 수렵의 풍요, 가족의 안전, 전쟁의 승리 등을 기원한다. 샤먼은 질병의 치료사, 마술사로서의 역할을 한다. (위키백과)

락의 상징으로 여겨 그 자연물이 자기와 혈연관계 혹은 어떤 특별한 관계가 있다고 믿었으며, 이 혈연관계 때문에 자연물은 자기와 부락을 잘 지킬 수 있다고 생각해 부락 구성원들에게 있어 이런 자연물이 숭배의 대상이 되었다.[20] 고대 사회에서 씨족과 부족의 우두머리는 인간과 신계(神界)를 중재하는 역할을 하였고, 샤먼은 일반 사람들을 대신해서 복을 빌고 질병을 치료하며, 죽은 사람의 혼을 위로하고 어루만지며 달래주는 일을 하였다.

뒤르켐(David Émile Durkheim)[21]은 토템 숭배를 통한 씨족의 의례 행위 속에서 성스러움의 경험과 집단 통합은 사회를 통합시키는 힘을 발휘한다고 하였다. 그리고 의례 속 의식적 연출들은 인간에게 실제 세계를 잊게 하고, 상상력을 쉽게 불러들이는 곳으로 안내해 기분 전환을 시켜주는 레크리에이션의 양상을 띠며, 집단적 기쁨을 만들어 놀이와 예술의 형태들이 종교에서 생겨났다고 하였다. 숭배의 대상이 상상적 존재일수록 충만함을 억제하고 통제하는 것은 쉽지 않으며, 인간들이 뛰고, 돌고, 춤추고, 소리 지르고, 노래하는 축제적 행위는 종교의 구속을 벗어나 오히려 종교를 존재하게 하는 것이라고 하였다. 모든 축제는 그 기원이 순수하게 속된 것임에도 불구하고 종교적 예식의 특성을 보이고 있는 이유가 사람을 모으고, 군중을 동요시켜 흥분 상태로 들어가게 하며, 심지어는 광란 상태에 빠지게 하는 것으로 설명했으며, 이것은 종교적 상태와 무관하지 않다고 하였다.

종교의 축제적 세계관은 종교 의식 속에서 세속적 향연으로 들어가는 종교성 없는 순간을 축제로 설명하고 있으며, 축제의 탄생을 종교적 의례의 필요성으로 설명하고 있다. 즉, 성스러움을 만나는 의식과 기분 전환이 결합한 축제는 종교적 제의에서 인간이 종교적 본질에 더 충실하게 하기 위한 수단으로 바라보고 있다. 인간에게 축제는 종교적 의례 속의 특성이며, 종교에 있어서 일종의 레크리에이션 기능을 하면서 그 행태가 놀이와 예술로 나타났다. 종교를 유지시키는 의례 속 진지한 삶과 의식은 축제의 역할과 기능을 통해 인간이 종교를 매력적으로 바라볼 수 있도록 하는 세계관을 가지게 하였다.

그림 2   인도, 쿰브멜라축제(Kumbh Mela Festival)

초월성 축제의 종교적 세계관

　　초월성 축제의 종교적 세계관은 신심(信心)이 아닌 인간과 자연의 공생, 인류의 행복과 공익을 위한 신념(信念)으로 축제의 비전 및 가치로 재해석된다.

　　지역을 넘어서는 인류의 보편적 가치가 각 축제마다 주제화되어 온라인을 통해 세계적 공감과 연대를 이끌어내고, 지역의 사회적 가치를 오프라인에서 실천한다.

　　코로나19는 인류에게 경각심을 심어 주었다. 그동안 우리 사회는 어떻게 달려왔는가! 이제는 잠깐 멈추고 새롭게 전환하지 않으면 인류를 위협하는 많은 상황들이 발생할 것이다.

초월성 축제의 **세계관** •••

> 인류는 함께 연대해야 하며, 인류의 문제를 공유하고, 다 함께 연대하여 풀어나가야 하는 숙명의 시대를 맞이하고 있다. 4차 산업혁명과 뉴노멀 사회는 그런 시대적 숙명을 실천하는 기술과 새로운 일상이다. 축제 또한 지역 이기주의와 마케팅을 벗어나 선진화의 길로 나아가야 한다.
>
> 축제는 관광을 중심으로 경제 성장에만 집중하는 지역 마케팅 방식을 탈피하여야 한다. 로컬 브랜드의 글로벌화를 위한 매개체로 축제를 바라봐야 하며, 축제 선진화 마인드는 초월성 축제의 종교적 세계관을 실천하는 기획으로 이루어져야 한다.
>
> 초월성 축제는 사회적 변화에 대한 인류의 신념이 축제를 통해 연대 공동체 활동으로 구성되고, 이것이 축제의 집단성으로 해석되어야 한다.

2) 정치

고대 바빌로니아, 그리스, 아테네 제전은 왕을 중심으로 한 국가 주도의 축제였으며, 중세시대 카니발은 민중 중심의 축제였다. 대한민국도 삼국시대 제천행사인 고구려(동맹), 부여(영고), 동예(무천), 신라(가배)에서 통일신라와 고려시대까지는 국가 주도 제천의식으로 축제가 개최되었으며, 조선시대에 와서야 민중 중심의 축제가 개최되었다.

서구의 경우 바빌로니아 시대 축제에서는 축제 기간 임시 왕국을 만들고, 권력의 상징인 왕을 특정인 또는 죄수에게 '임시 왕'을 수행토록 해 신과 도시, 백성들에게 자신의 권력을 남용하지 않겠다는 서약이나 축제 마지막 날 저녁에 심한 매질과 교수형을 처하는 등 실제 왕의 권력 남용을 미연에 견제하려는 정치적 의도성이 사회 정화의 기능을 한다고 믿었다.[22] 바빌로니아 사람들은 겨울의 뒤집기 관행[12]과 임시 왕 제도를 통해 일상에서 억눌린 욕망을 분출하고, 또 왕과 권력을 은근히 비꼬기도 하였다. 이런 관행들이 시간과 공간을 가로질러 유럽 카니발 축제에까지 이어졌다는 사실은 거기에 어떤 보편적 기능이나 필요성이 있었다는 것을 말해준다.[23]

로마인들에게 가장 영향력 있고, 성대한 축제였던 사투르누스제는

---

12) 뒤집기 관행은 축제 기간 일상 탈출로 하인과 주인의 지위가 바뀌고, 죄수와 왕의 신분을 바꾸고, 심지어 부인까지 바꾸었다고 한다.

농경신인 사투르누스(Saturnus)를 숭배하는 축제로 9일간 개최되었는데, 주인은 하인으로 변장하고 하인은 주인으로 변장해 자기 주인을 모욕하고 조롱하였고, 이 의식이 끝나면 실컷 먹고 마시는 잔치와 소란스럽고 외설적인 대향연이 이어졌다.[24] 그리고 로마 황제들은 이시스 숭배 의식[13]이 대중들에게 매우 인기가 있어 그 의식에 참여해 대중의 지지를 얻는 선전 효과에 축제를 이용하기도 하였다.[25]

로마제국 말기에는 기독교가 국교로 채택되면서 다신교주의 전통과는 달리 기독교 유일신 사상이 이교 축제를 배척하였지만 계절의 순환과 풍요를 비는 계절 축제였기 때문에 불가능하였다. 이에 이교 축제를 차용하여 기독교를 더욱 확고히 정착시킴과 동시에 성직자들의 권력을 강화하려는 전략으로 이교적 축제에 기독교적이고 신학적인 의미가 부여되었고, 그 축제의 주인공인 이교 신들은 여호와나 예수, 성인들로 대체되었다. 그 대표적인 것이 사투르누스와 미트라[14] 숭배가 성탄절로 변한 것이다.[26] 그리고 교회는 사순절이 시작되기 전 일정 기간 동안 마음껏 즐길 수 있는 축제를 제도적으로 허용하였는데, 그것이 바로 카니발이다.[27]

---

13) 이시스는 다산과 풍요를 상징하는 이집트의 여신으로 헬레니즘 시대에 그리스에 유입되어 그리스 데메테르와 동일시되면서 다산과 풍요만이 아닌 내세에 행복까지 가져다주는 신으로 숭배되었으며, 많은 숭배자들을 끌어들였다.

14) 미트라는 태양신으로 태양의 신인 미트라와 세상에 빛을 던져준 예수의 이미지가 일치하고, 사투르누스제는 12월 말 동지에 시기가 일치했으며, 사투르누스를 몰아내고 왕이 된 제우스의 이미지를 예수의 탄생일로 전환해 로마 민중들에게 사투르누스제와 성탄절이 점차 비슷하게 인식되었다.

하비콕스는 바보의 축제[28]에서 카니발인 '바보제'를 다음과 같이 묘사하고 있다.

중세기 유럽의 여러 지역에서는 바보제 라고 불리우는 휴일이 성행하였다. 대체로 정월 초하루쯤에 거행되는 이 명절이 오면 늘상 경건하기만 하던 사제들도 근엄하기 이를 데 없던 어르신네들도 모두가 징글맞은 가면을 쓰고, 거리로 뛰어 나온다. 목청을 뽑아 민요를 부르는 사람 술에 취하여 마냥 흥겨워하는 사람 풍자와 조소를 퍼붓고 돌아다니는 사람들로 세상이 발칵 뒤집힌다. 말단 미직의 서사들도 얼굴에 물감칠을 하고 상사들의 예복을 걸치고서 거리를 활보하는가 하면 심지어 교회나 궁정에서 가지는 웅장한 예식을 흉내 내면서 이를 조롱하기도 한다. 때로는 악질 현감 가짜 임금 아이 주교 등을 선출하여 사건을 처리하기도 하고 풍자적인 모의 미사를 집전하기도 한다. 바보 제 기간 중에는 풍속이나 관례를 아무리 조롱하여도 상관이 없으며 국가 최고급의 명사들을 대상으로 야유를 퍼부어도 용납이 된다.

하비콕스는 바보제의 부정적인 면을 설명하면서 풍자를 격리시키고 정치를 상상으로부터 분리시키는 사회적 르네상스의 필요성을 이야기했다. 이것은 현대축제가 전통축제처럼 사회적 기능과 정치적 기능을 하지 못하고 있는 것을 반증하는 것이다.

왕이 지배하는 시대의 축제는 국가 번영과 풍요를 비는 통치와 사회질서 유지를 위한 목적이 동서양에서 공통적으로 나타나고 있는데, 이것이 축제에서 보여지는 정치적 세계관이다. 하지만 신에 대한 숭배와 천신에 대한 제의 이후 민중 속으로 전이된 축제의 양상은 동서양이 다르다.

서양에서는 고대사회와 중세로 이어진 축제에서 권력에 대한 민중의 정치적 견제가 일상이 전도된 축제 시공간으로 나타난다. 축제가 왕과 귀족, 종교지도자 등 지배층에 대한 민중의 정치적 견제로서 세계관을 가지고 있는 것이다. 하지만 대한민국의 축제는 술과 음식 그리고 춤을 중심으로 축제의 잔치성만 있을 뿐 전도성은 나타나지 않고 있다.

한국민족문화대백과사전에는 고대사회 제천의식(祭天儀式)을 다음과 같이 설명하고 있다.

> 『후한서』동이전(東夷傳)과 『삼국지(三國志)』위서 동이전(魏書 東夷傳)에 고대 우리나라의 종교의식에 관한 기록들이 나온다. 부여(夫餘)의 영고(迎鼓), 고구려(高句麗)의 동맹(東盟), 동예(東濊)의 무천(舞天), 삼한(三韓)의 시월제(十月祭) 등이 바로 그것이다. 이러한 의식들은 농경과 정착생활이 본격화함에 따라 나타난 공동체적인 질서 속에서 등장하였고, 집단행위인 추수감사제적인 성격을 띤 것으로 여겨진다.
>
> 이들은 대부분 추수가 끝나는 10월에 행해졌으나 삼한의 경우 5월(수릿날)과 10월(상달)에 각각 거행된 것으로 보아, 당시 농경사회에

서 파종기·수확기와 관련된 계절제라 하겠다. 단지 부여의 영고만은 중국 은(殷)나라의 정월(12월)에 행해졌는데, 이는 수렵사회의 전통을 그대로 간직했기 때문인 것으로 보인다. 물론 여기에서도 하늘에 제사를 지내는 종교적인 의식이 거행되었으며, 직업적인 종교전문가가 이를 주관했던 것 같다.

고구려의 동맹은 수도의 동쪽의 대혈(大穴) 속에 있는 나무로 된 수혈신(隧穴神)을 맞아다가 이를 수도에 연(沿)한 하천의 동쪽 고지의 신좌(神座)에 올려놓고 국왕이 직접 제사를 지냈다. 이 수신(隧神)은 아마도 곡신(穀神)으로 이해되며, 따라서 이 제사는 곡신의례의 축제로 치러진 듯하다. 한편, 삼한의 5월 수릿날의 제사는 기풍제(祈豊祭)였던 것으로 짐작된다. 이러한 행사들은 모두 주술행위를 통한 집단의식적인 축제의 의미를 가지기도 한다.

그러므로 노래와 춤, 그리고 음주 등은 기풍제나 추수감사제와 같은 축제에서 빠질 수 없는 것이다. 발로 땅을 높게 혹은 낮게 밟으면서 손발을 박자에 맞추어 움직이는 중국의 탁무(鐸舞)와 흡사한 율동과, 여러 사람이 모여 집단적으로 춤을 추는 군무(群舞) 등이 술과 곁들여 축제 분위기를 더해 주었던 것으로 보인다. 이러한 제천의식은 일찍이 고조선(古朝鮮)에서도 있었다. 지금의 강화도(江華島) 마니산 꼭대기의 참성단(塹星壇)이 바로 단군(檀君)이 하늘에 제사하던 곳이라고 전해 오고 있다.

또, 신라시대에 하늘에 제사하던 곳은 '영일현(迎日縣)'에 있는데, 세속(世俗)에서 전하기를 일월지(日月池)라 불린다고 한다. 신라에서는 하늘뿐만 아니라 해와 달, 그리고 별에도 제사를 지내는 제도가 있었다. 한편, 고구려에서는 항상 10월에 제사하면서, 또 3월 3일에 모여 수렵을 하고 하늘에 제사하였다고 한다. 백제에서는 4중월(四仲月)에 하늘과 오제지신(五帝之神)에게 제사하였다. 부여에서는 12월에 하늘에 제사하고, 또 전쟁이 있으면 역시 하늘에 제사하였다. 고대에서의 제천의례는 갈등과 해소의 장으로서 축제이자, 정치·경제·군사·사법적인 의미를 지닌 것이었다.

따라서 고조선·부여·고구려·백제·신라·가야 등의 고대 국가 초기의 왕권은 제천의례(祭天儀禮)에 의한 종교적 권위에 기반한 것이었다. 당시 초기 왕은 주술적(呪術的) 능력을 가지고 기후와 농사의 풍흉(豊凶)을 책임진다고 믿어졌다. 사람들은 자신들의 물적 생산을 보장받기 위해 자연의 공포와 기아(飢餓)의 두려움을 왕에게 위임하고 그의 특권을 인정해 주었다. 고려시대에는 왕이 직접 원구단(圜丘壇)에서 하늘에 제사하였다. 조선시대 역시 왕이 직접 원구단에서 비와 풍년을 빌었으며, 단(壇)을 쌓고 천지(天地)에 제사하였다.

그리고 한말(韓末)에 일제가 국권을 침탈하자 이를 되찾기 위해 일어난 의병 중에는 제천의식을 행하는 부대도 있었다.

초월성 축제의 정치적 세계관

초월성 축제의 정치적 세계관은 정치적 수단이 아닌 축제의 정치적 기능으로 축제가 사회적 르네상스를 실천하는데 있다.

온라인을 통한 축제시민 네트워크와 지역을 중심으로 오프라인에서의 사회적 가치 실천은 기초자치단체장을 비롯해 축제 예산을 지원하는 행정의 간섭을 막고, 축제를 이해관계에서 바라보는 정치인들이 축제에 영향력을 행사하지 못하게 한다.

즉, 초월성 축제는 종교적 세계관을 실천하는 기능으로서 정치적 세계관이 작용한다. 행정과 정치인들은 축제를 통해 지역이 글로벌로 나아가고, 지역의 사회적 르네상스를 실천시키기 위한 지원과 협력의 대상으로 축제를 바라볼 것이다.

초월성 축제의 **세계관** •••

" 축제는 보다 투명해지고, 축제를 통한 사회적 르네상스 실천은 지역 주민을 넘어서 타지역 참가자들도 함께 동참하게 한다. 초월성 축제 정치적 세계관은 구성원들의 상호 가치를 존중하고, 연대를 통해 서로의 가치를 공유시켜 축제 참여가 곧 생활정치를 실천하는 것이라는 인식을 심어줄 것이다.

뉴노멀 사회 축제는 인간 생존을 위해 사회를 전환시키는 문화운동으로 새롭게 기능할 것이다. 그리고 시민의 참여는 곧 생활정치를 실현시키는 주체가 시민으로 인식된다. 정치인들은 축제 속에서 시민들과 함께 지역 성장의 실천을 프로그램으로 선보일 것이다. "

3) 문화

문화의 축제적 세계관은 세시풍속(歲時風俗)[15]과 통과의례(通過儀禮)[16]에서 볼 수 있다. 24절기와 밀접한 연관을 가지고 있으며 음력 매월마다 진행된 세시풍속과 인간이 태어나서 죽기까지 겪어야 하는 의식으로서 통과의례는 현대까지 이어지고 있으며, 지역 또는 민족을 구분시켜주는 전통 문화적 속성을 가지고 있다. 대한민국 세시풍속의 대표적 사례는 정월대보름이다. 음력 1월 15일 즉, 설날 이후 처음 맞는 보름날을 정월대보름이라 하며, 초기에는 설날(구정)부터 대보름까지 15일 동안 축제가 개최되었다. 한해의 시작인 정월은 인간의 건강과 행복 등을 비롯한 일 년의 운세를 결정하는 중요한 시점이라고 믿었기 때문에 개인의 건강, 가정의 행복, 마을의 풍년을 위하여 점도 치고 제의도 행하였으며, 금기(禁忌)도 잘 지켜야 했다.[29]

이에, 한국(寒國) 정월대보름의 세시기별 행사 내용을 살펴보면 <표 1>과 같다.[30]

---

[15] 예로부터 전해지는 농경 사회의 풍속이며, 한 해의 절기나 달, 계절에 하는 생활 관습을 말한다. 설날·정월 대보름·단오·추석과 같은 명절이 되면 오랜 관습에 의해서 새 옷으로 갈아입고 술과 음식을 장만하여 제사를 지내는 등 여러 가지 행사가 있다. 이러한 행사는 오랜 생활 문화를 이루며 매년마다 되풀이되는 관습이어서 이를 세시풍속이라 부른다.(네이버 지식백과)

[16] 통과의례(通過儀禮)는 출생, 성인, 결혼, 죽음 등 인간이 성장하는 과정에서 차기 단계의 기간에 새로운 의미를 부여하는 의례이다.(위키백과)

<표 1> 한국 정월대보름의 세시기별 행사 내용

삼 국	약밥, 제사, 돌싸움, 오곡밥
고려시대	휴가, 연등회, 약밥, 오곡밥 나누어먹기
경도잡지	약밥, 제웅치기, 호로, 부럼, 귀밝이술, 더위팔기, 복토 훔치기, 나물먹기, 개밥먹이지 않기, 화적, 과일나무시집보내기, 돌싸움, 연날리기, 고고매, 달맞이, 다리밟기, 용밥주기
추재집	제웅치기, 부럼, 복토훔치기, 용밥주기(어부슴), 귀밝이술, 더위팔기, 약밥, 윷점, 연날리기, 다리밟기, 호로
열양세시기	약밥, 귀밝이술, 부럼, 용알뜨기, 용밥주기(어부심), 더위팔기, 호로, 제웅치기, 다리밟기, 화적, 달맞이, 달점, 달불이(달음음), 돌싸움, 오곡밥, 복쌈, 개밥먹이지 않기
세시기속	제웅치기, 더위팔기, 귀밝이술, 약밥, 연날리기, 돌싸움, 다리밟기, 종소리듣기, 달점
한양세시기	제웅치기, 부럼, 귀밝이술, 약밥, 묵은나물, 더위팔기, 복토훔치지, 옷·물건 버리기, 개밥먹이지 않기, 연날리기, 연싸움, 용밥주기, 달맞이, 달점, 다리밟기, 돌싸움, 윷놀이, 널뛰기, 법고, 풍차
동국세시기	약밥, 화적, 제웅치기, 호로, 팥죽먹기, 복토훔치기, 부럼, 호로, 귀밝이술 묵은나물, 복쌈, 오곡밥 나누어먹기, 더위팔기, 개밥먹이지 않기, 과일나무시집보내기, 연날리기, 회회아, 고고매, 구멍맞추기, 달맞이, 달점, 다리밟기, 돌싸움, 수세, 나무그림자점, 점주발점, 청참(새이름부르기), 용알뜨기(노룡란), 달불이, 갈전, 차전
해동죽지	청참(새소리듣기), 부럼, 약밥, 제사, 이군히산적, 귀밝이술(총이주), 묵은나물 먹기, 더위팔기, 제웅치기, 윷놀이, 용알뜨기, 용밥주기(어부슴), 달맞이, 달점, 다리밟기, 야광신

이렇게 새해의 첫 보름날인 정월 대보름에는 한해 농사의 시작으로 제액 초복, 풍요와 건강을 기원하는 다양하고 풍성한 풍속 제의가 집중적으로 행해졌으며, 한국 문화의 근원인 무속 신앙은 대보름 세시 의례의 중심으로 가신 신앙, 마을 신앙, 점복 신앙, 성 신앙 등 토착 민간 신앙이 서로 어우러져 있고, 여기에 중국에서 전해 온 유교, 도교, 불교가 수용되어 융합된 형태를 이루었다.31

이러한 세시풍속은 민간 신앙 속에서 놀이의 형태를 가지고 민속 문화로 현대에 이어지고 있으며, 축제17)로도 전승되고 있다. 즉, 세시풍속이라는 공동체적 행사를 통해 내 고장의 역사 의식을 고취하고 집단의 단결과 화합 및 공동체 의식을 드높이는 계기로 삼는 등 지역 공동체적 성격의 축제로 발전하게 된다.32 농경문화 속의 인간은 세상에 존재하는 좋은 일과 나쁜 일, 재앙과 행복 즉, 길흉화복(吉凶禍福)을 공동체 차원에서 해결하고자 했으며, 이것은 제례와 놀이 형태로 이루어져 현대에 민속문화(民俗文化)로 자리 잡았다.

---

17) 아직까지도 우리나라 정월대보름제는 전국에서 소규모 마을축제로 개최되고 있다. 그리고 제주들불축제, 삼척정월대보름제 등은 문화관광축제로 큰 규모로 개최되고 있다.

그림 3 임실필봉정월대보름굿축제

    통과의례는 관혼상제(冠婚喪祭)를 중심으로 살펴볼 수 있다. 관혼상제는 사람이 태어나서 세상을 살아가는 동안 겪게 되는 총체적인 것으로 삶 가운데 일어나는 것을 구분 지어 행사하고, 죽은 후에 이르기까지 행해지는 예로서 인간의 삶과 죽음, 죽은 후에도 예를 갖추는 의례이다.[33] 이에 인간사는 관혼상제라는 말로 대치시킬 수 있는데, 이 중에서 관(冠)·혼(婚)·상례(喪禮)는 사람들 사이에서 일어나는 일시적 축제로 볼 수 있고, 우리에게 많은 비중을 차지하고 있는 출산 의례도 포함된다. 반면에 제례(祭禮)는 신적인 존재와의 교섭에 의한 주기적·반복적 축제로 볼 수 있다.[34]

현대사회에서 행해지는 개인 차원의 이벤트인 돌잔치, 성인식, 결혼식, 장례식, 제사 등을 일상에서 경험하고 있지만, 전통문화로서 불교 및 유교적 성향이 강했던 과거에는 개인 차원이 아닌 마을 차원에서 공동체 행사로 치러졌으며, 축제적 성격을 지녔었다. 그러므로 축제의 문화적 의미는 상징적 연행 행위로서 전통문화의 계승 차원에서 접근할 수 있다.[35] 그 외에 차전(車戰)·줄다리기·달집태우기·연날리기·달맞이·석전 등은 놀이적 집단 행위로 연출되어 현대사회 민속 축제로 개최되고 있다.

문화(文化)를 자연 상태에서 벗어나 일정한 목적 또는 생활 이상을 실현하고자 사회 구성원에 의하여 습득, 공유, 전달되는 행동 양식이나 생활 양식의 과정 및 그 과정에서 이룩하여 낸 물질적·정신적 소득을 통틀어 이르는 말[36]로 개념할 때, 문화의 축제적 세계관은 각 국가의 민속(民俗)[18]에서 발견할 수 있다. 민속은 문명국가의 서민사회에 전

---

18) 도슨(Dorson, R.)은 『민속과 생활』에서 민속학의 영역을, 첫째 구비문학(Oral Literature), 둘째 물질문화(Material Culture), 셋째 사회적인 민속관습(Social Folk Custom), 넷째 연행되는 민속예술(Performing Folk Art)로 나누고 있다.

승되는 기층문화(基層文化)[19] [37]를 말한다. 민간차원에서의 축제는 서민들이 근심을 잊을 수 있는 놀이적 요소였으며, 민간 신앙인 동신제(洞神祭)[20] 및 굿으로도 표현되었다. 과거의 모든 사회적 행위는 항상 종교성을 가장 중요한 위치에 두고 이루어졌고, 모든 생활이 종교적이었으며, 종교적 행위가 곧 생활이었다.[38] 이러한 종교적 행위는 서민 사회에서 놀이와 예술을 통해 대중성과 집단성을 띠며 표출되었고, 하나의 문화로 자리 잡아 현대의 민속이 된 것이다. 전통사회에서는 민간 신앙을 통해 개인이나 마을 단위에서 길흉화복을 공동체 차원에서 빌었으며, 따라서 축제는 놀이와 연희를 통해 한해 복이 가득할 것이라는 기복신앙(祈福信仰)[21]의 결과물을 보여주는 점괘(占卦)[22]나 예방(豫防)[23] 차원에서 주기적 또는 비주기적 행위로서 세계관을 가지고 있었다.

---

19) 기층문화는 각 민족이나 지역의 전통적이며 고유한 서민 문화를 말한다.(네이버 국어사전)

20) 동신제는 마을 사람들이 마을을 지켜 주는 신인 동신(洞神)에게 공동으로 지내는 제사를 말하며, 마을 사람들의 무병과 풍년을 빌며 정월 대보름날에 서낭당, 산신당, 당산(堂山) 따위에서 지낸다. (네이버 국어사전)

21) 기복신앙이란 복을 기대하는, 즉 본인에게 득이 되는 복(福)을 바라는(祈) 신앙 행태를 말한다. 여기서 '복'이란 재물, 무병장수, 내세의 공덕, 자손의 번창 같은 일체의 인간적 욕심을 포함한다.(나무위키)

22) 점괘는 점을 쳐서 나오는 괘. 이 괘를 풀이하여 길흉을 판단한다.(네이버 국어사전)

23) 예방은 예상되는 악화에 미리 대비하는 것을 말한다.(위키백과) 또는 질병이나 재해 따위가 일어나기 전에 미리 대처하여 막는 일을 말한다(네이버 국어사전)

초월성 축제의 문화적 세계관

　　초월성 축제의 문화적 세계관은 뉴노멀 시대의 세대와 계층 그리고 국경을 초월한 온라인 공유문화에 있다.

　　초월성 축제는 온라인과 오프라인을 기반으로 다양한 공간에서, 다양한 미디어를 통해, 다양한 방식으로 경험된다. 축제 경험은 온라인을 통해 재가공되어 랜선을 통한 공유와 확산이 2차적으로 이어지며 축제와 지역이 글로벌로 나아가는 교두보가 될 것이다.

　　온라인은 오프라인의 축제성을 더 매력적이고 가치 있게 만든다. 온라인 속에서 공유문화의 힘은 지역 주민과 관광객을 포함하여 세대를 통합하고, 계층을 통합시키는 구심점이다.

초월성 축제의 **세계관**

> 초월성 축제의 정치적 세계관은 문화적 세계관인 공유 문화의 힘으로 영향력을 키울 수 있다. 이것이 초월성 축제 공간 초월의 의미이다.
>
> 온라인을 통한 새로운 놀이와 연희 방식은 기존 오프라인 유희와 결합해 뉴노멀 사회에 새로운 축제 문화를 창조할 것이다. 공간성과 이동성에 제약을 받지 않고, 자유롭게 각자의 공간에서 축제 프로그램을 경험하고, 공유함으로써 축제를 알지 못했던 많은 이들이 축제 참가자들을 통하여 축제를 인지하고, 새로운 참가자로 나타난다.
>
> 축제가 개최되지 않는 기간에도 지역 주민, 관광객, 관계자는 온라인을 통해 네트워크 되어 만남과 소통을 이어간다. 결국, 일상의 축제화와 축제의 일상화는 온라인 공간을 통하여 더욱 활성화된다.

현대적 축제와
초월성 축제 세계관

1) 여가

현대사회에서 여가시대로의 전환은 인간으로 하여금 기존 축제를 바라보는 인식과 개념을 바꿔 놓았다. 원시공동체사회, 고대사회 그리고 중세사회에서는 일과 여가가 구분되지 않고 하나로 통합되어 있었다. 원시사회에 있어서 노동과 여가의 경계는 분명하지 않았으며, 당시의 사람들은 놀이하는 것처럼 일상의 활동을 수행했다.[39]

부족생활에 있어서 생일, 착수식, 결혼 혹은 사망과 같은 일로 인한 의례는 극히 종교적인 부분이었으나 축제나 춤 혹은 음주는 단조로운 일상 생활로부터의 쉼이었다.[40] 즉, 여가는 단순한 휴식이나 간단한 놀이 수준과 결합하여 동시에 나타나는 형태였다. 고대 그리스 시대의 여가관은 자유시간보다는 자신을 훈련하고, 경작한다는 의미를 더욱 지니고 있었으며, 잘못 사용된 여가 시간은 여가가 아니었다. 여가는 필수적인 노동으로부터 자유로운 상태로 받아들여졌다.[41]

아리스토텔레스에 의하면 음악과 명상만이 여가의 자격을 갖춘 활동들이었으며, 그 중에서도 명상이 그리스 시대의 가장 이상적 여가행위였다.[42] 로마시대에는 원형경기장에서 축제나 경기 등을 즐기며 소비와 사치 등 향락적 여가를 보냈으며, 정치적 관심을 돌리는 수단으로 여가가 이용되었다. 중세사회를 살펴보면 여가는 노동을 하지 않는 귀족 등 유한계급의 소비적 활동이었다.

자유 의지의 여가이기보다는 종교적 활동의 시간이 많았으며, 근면한 노동과 명상 등이 중요하게 여겨졌다. 축제 등은 세속적인 것이면서 공식의례와 함께 정당화 된 여가였다. 산업사회가 도래하면서 인간의 노동은 시간에 의해 중요하게 인식되었다. 하지만 노동과 여가는 분리되지 않았고 음주·노래·사교 등과 같은 여가 활동은 작업 중에 이루어졌다.[43] 근대사회로 넘어오면서 노동과 여가는 구분되었고, 자본가에 의한 노동 과정의 통제는 대량 생산을 낳았으며, 자본가에 의한 노동자에 대한 과학적 관리는 탈숙련화[24]로 이어졌다.[44]

노동 시간의 단축 운동으로 여가 공간·여가 시간·여가 소비가 형성된 이후에는 노동 시간과 여가 시간이 분리되었으며, 노동 시간은 줄었

---

24) 탈숙련화란 인간의 노동이 산업혁명이후 이전처럼 숙련성과 전문성을 요구하지 않으며, 기계의 보조적인 노동으로 한정되어 미숙하고 파편화된 노동으로 변화한 현상을 일컫는 용어이다. 이러한 일련의 과정은 산업혁명이후 상품의 생산속도와 생산성의 급진적인 양적 발전을 기반으로 일어났으며 특히, 포드주의와 테일러주의로 대변되는 인간의 노동 표준화로 더욱 가속화 되었다. (위키백과)

지만 노동 규율이 강화되었다. 일터와 분리된 여가 공간에서 여가 시간을 보낼 수 있었으며 임금의 상당 부분을 여가 소비로 지출했다.[45] 결국, 노동 시간의 감소와 여가 시간의 증가는 새로운 방식의 여가로 대중문화와 여가 소비 시대를 열었다.

여가 시간에 행해진 놀이와 인간 삶의 관계는 인류가 존재했던 아주 먼 고대 사회 이래로 때로는 긍정적인 가치를 가지는 것으로, 때로는 배척해야 하는 부정적인 것으로, 끊임없이 변화해 왔다.[46]

고대 그리스·로마 시대에 놀이란 여가 시간에 행해지는 고도의 지적인 작업으로 간주되어 소위 상층 귀족계급의 '특권'이었고, 중세 시대에는 생산 노동에 참여하지 않는 유한계층의 '소비적인 활동'이었으며, 산업혁명을 거치면서 진입하게 된 근대사회에서는 보다 높은 생산성 함양을 위해서 취하는 '휴식'에 불과한 것이었다.[47] 그러나 현대의 대중 소비 사회에 접어들면서 이제 놀이란 인간의 삶의 질을 측정해 주는 척도로까지 간주되어서 보다 더 잘 '향유'되어야 하는 인간의 '덕목'으로까지 여겨지고 있는 것이다.[48]

여가의 축제적 세계관은 엘리아스(Elias)와 에릭(Eric)의 스포츠와 문명화[49]를 통해 살펴볼 수 있다. 인간을 비롯한 모든 생물은 종족 보존과 생존을 위해 본능적으로 공격성을 가지고 있으며, 인류는 이러한 인간의 공격성을 억제하고 통제하기 위해 문명화 과정에서 스포츠를 만들었다. 즉, 스포츠는 문명화 과정에서 인간의 공격성을 합법적으로 분출할 수 있게 하려고 만들어졌다.

실제로 흥분한 사람은 자신에 대한 통제력을 상실하고 자신과 타인 모두에게 위협이 되지만 모방 흥분은 사회적 개인적으로 위험은 되지 않고, 카타르시스 효과를 줄 수 있다.

요컨대, 인간행동의 감정들이 문명화와 더불어 전환됨을 이야기하고 있다. 여가 시대 축제는 성인들의 일탈한 놀이터와 같다. 인간의 유희적 본능의 일탈된 시공간이 축제이며, 체험 또는 스포츠와 같이 규칙 있는 놀이를 통해 카타르시스를 느끼고, 그 경험을 소비하기 위해 축제에 참가한다.

스포츠의 모방 흥분과 카타르시스처럼 축제는 여가 시대 인간의 유희적 욕구를 충족시켜주는 대상이며, 축제의 몰입과 카타르시스는 개인의 신체와 정신을 회복하고, 충전시키는 기능을 하고 있다.

초월성 축제의 여가적 세계관

　　초월성 축제의 여가적 세계관은 단순히 집과 일상을 벗어나 축제 활동을 경험하는 것에 있지 않다.

　　참가자는 자신의 개성을 축제 경험에 녹이고, 축제 속 사유(思惟)를 통해 일상의 삶에 스스로가 의미를 부여해 영성 차원의 카타르시스를 느끼는 것에 있다.

　　축제 참여의 의미와 가치는 집단적 유희에 있는 것이 아니라 분산을 통한 안전과 개별화 및 다원화 운영 시스템을 통해 개인과 사회의 행복을 실천하는 데 있다. 즉, 축제는 신체, 마음, 정신이 조화로운 것을 경험하는 장이며, 건강한 삶을 유지하기 위한 웰빙, 행복, 영성, 삶의 만족을 느끼는 웰니스(Wellness)가 초월성 축제의 여가적 세계관이다.

초월성 축제의 **세계관** •••

"
그래서 축제장 조성과 동선 그리고 프로그램 운영은 실재성 축제와는 달리 집단성이 해체되고, 소규모 및 중규모 형태로 참가자 자유의지에 의해 참여 방식이 실현될 수 있어야 한다.

초월성 축제는 축제장을 구성한 환경 속에서 지역과 인류의 사회적 가치를 연결해서 실천하고, 몸과 마음, 건강과 휴양이 공존하는 축제를 지향한다. 그러므로 온라인과 오프라인을 통해 개인과 사회를 함께 바라보며, 뉴노멀이라는 시대정신과 깨달음을 축제로 실천하는 스토리 두잉(Story Doing)이 될 것이다.
"

2) 관광

관광에 있어 축제는 장소를 기반으로 한 소프트웨어 상품이다.[50] 현대사회 축제는 관광지 연출 및 경제효과 창출과 함께 관광의 목적지가 되어 지역경제 순환과 활성화 차원의 중요한 수단이 되고 있다. 전통사회 축제가 지역공동체 중심에서 생산과 소비가 동시에 이루어지는 구조를 띠었다면, 현대사회 축제는 지역공동체가 축제 생산자로 전락해 축제 생산과정의 중심이 되어 참여하고 있으며 축제 소비자는 외지 관광객이 중심이 되어 지역마케팅의 수단으로 이용되고 있다.

유럽과 일본 등 선진국에서는 100년이 넘는 역사를 가진 축제들이 지역을 상징하는 홀마크 이벤트(Hallmark Event)[25]가 되어 축제 기간 전 세계인들을 지역으로 끌어들이는 관광상품이 되었고, 대한민국에서는 지방정부 출범과 중앙정부 정책이 맞물려 문화관광축제의 역사가 30년 가까이 진행되며 성과를 내고 있다.

관광은 돌아올 목적으로 일상의 거주지를 떠나 일정 기간 즐거움을 추구하는 비거주지에서의 활동으로 이동성, 목적성, 회귀성을 가지고 있다. 초기에는 관광현상을 경제적 측면에서 중요하게 인식하였고, 그 이후에는 경제발달로 인한 가처분 소득 증대, 주변 환경의 악화, 가

---

25) 지역 고유의 정신이나 문화를 대표하는 행사로 삿포로눈축제, 리우카니발, 망통레몬축제, 니스카니발처럼 축제가 지역의 상징이다.

중된 스트레스 해소와 같은 인간의 생존과 관련된 여가생활의 한 유형으로 파악하기에 이르렀다.[51]

즉, 여가의 시대를 맞이하여 관광은 축제를 하나의 상품으로 인식하게 되었으며, 대한민국 지방자치의 부활은 단기간에 적은 예산으로 주민 소득과 지역사회 경제효과 창출에 효자상품으로 축제를 인식하게 하였다. 축제 소비자인 관광객의 대부분은 가족 및 친구 단위로 여가를 즐기기 위한 목적이 강하다. 그러다보니 축제의 중심은 수요자인 관광객에게 집중되었으며, 현대사회 축제는 전통사회 축제의 기능과 역할을 붕괴시켰다.

이러한 현상에 대해 전문가들과 지역 주민은 현대사회 축제에서 전통사회 축제의 원형과 본질을 정답처럼 이야기하고, 현실과 현장의 실무적 괴리감에 논쟁과 갈등을 하곤 한다. 관광이 산업화 된 현재의 축제는 수요와 공급이라는 시스템적 접근으로 예산과 행정력을 동원시키고 있다. 하지만 성과가 정체되면서, 중앙정부는 시장과 수요의 한계, 상품 매력성과 지속가능한 성장의 충돌을 직시하고, 국내시장에서 글로벌 시장으로 축제 공급자의 눈을 돌리도록 하고 있다.

결국 관광의 축제적 세계관에서는 기초자치단체장과 지역 주민에게 축제가 지역을 판매하기 위한 마케팅 수단이며, 타지역 주민에게는 지역 문화를 경험할 수 있는 매력적인 상품으로 인식하게 했다. 그래서 축제의 생산과 소비 형성의 의존도가 관(官)에 집중되는 현상이 발생하였고, 정부 지출이 거래를 촉진시키는 가치재적 성격을 갖게 하였다. 하지만 정부 지출에 대한 의존도는 증액의 한계에 봉착하였으며, 축제 운영의 독립성과 재정자립의 강화 필요성은 현 시스템에 문제를 제기하고 있다.

또한 관광은 외부환경 요인의 영향을 강하게 받는 특성을 가지고 있다. 가치재적 성격의 축제는 천안함 피격과 세월호 침몰 등 사건이나 사고, 구제역·조류독감·사스·메르스·코로나19와 같은 질병, 태풍 등 자연재해 등이 발생되면 무조건 취소의 1순위가 되고 있어, 지역 관광의 중심이 되었던 축제는 그 자리를 위협받고 있다.

아울러, 기재부 등에서는 축제 예산을 소모성 예산으로 바라보며, 축제 예산이 많이 편성된 지자체에 대해서는 패널티를 주고 있다. 관광의 대표 상품으로 기능했던 축제가 이러한 상황에 놓인 것에는 주체, 객체, 매체로 구성된 관광 시스템을 결과로만 바라보는 패러다임 때문이며 그 가치의 기준은 경제적 효과에 있다.

관광상품으로 축제의 생명주기가 지속가능한 성장을 갖기 위해서는 제2의 가치 커브곡선을 그려야 한다. 그리고 그 커브 곡선의 변곡점은 관광시스템의 결과가 아닌 관광시스템과 지역사회와의 상호작용과 그 가치를 바라보는 축제의 관광 사회학적 가치에 두어야 한다.

그림 4 2018 평창윈터페스티벌(대관령눈꽃축제, 평창송어축제)

초월성 축제의 관광적 세계관

　초월성 축제의 관광적 세계관은 참가자 연결(Link)과 지역 브랜딩에 있다. 온라인을 통해 축제는 전 세계와 연결되고, 오프라인 축제장을 방문하지 못한 온라인 참가자는 지역 관광을 실천할 잠재적 수요자가 될 것이다. 그래서 온라인과 오프라인이 결합된 축제는 플랫폼으로 기능해 일상의 축제화와 축제의 일상화를 실현한다. 즉, 오프라인 축제는 온라인을 통해 더욱 주목받을 것이고, 온라인은 축제와 지역을 브랜딩하는 주요한 기능을 하게 될 것이다.

　초월성 축제의 경제적 효과 창출은 축제를 통한 브랜딩에 있다. 즉, 지역을 플랫폼과 연결하고, 로컬 브랜드를 축제를 통해 경험시키는 축제의 일상화 전략이다. 이것은 지역 브랜드자산 구축과 로컬 브랜드의 평판이나 이미지를 높인다.

초월성 축제의 **세계관** •••

> 지역의 특산물이나 상품은 축제 기간 만이 아닌 일상시에도 온라인을 통해 판매되고, 판매가 전 세계로 연결되는 시스템을 구축해야 할 것이다.
>
> 축제장은 테마파크처럼 유료화하고, 위드 코로나 시대에는 오프라인 축제장 규모를 축소 구축하고, 유효인원을 사전예약에 의해 운영하며, 그들과 함께 축제의 오프라인 현장성을 이끌어 간다. 초월성 축제의 경제적 가치는 축제장 방문객 숫자에 연연하는 것이 아닌 브랜드 자산의 가치 창출에 있다.
>
> 관광객이 포함된 축제시민을 탄생시키고, MZ세대들을 축제 팬덤으로 구축시켜 공정 여행을 축제문화로 구축시켜야 한다. 온라인과 디지털을 활용한 콘텐츠 가치와 확산을 다양한 방식으로 고민해야 하며 오프라인을 성지화해 일상시에도 축제 순례객들을 유치할 방안의 모색과 축제시민들이 디지털 시민성을 가질 수 있도록 해야 한다.

3) 도시

　도시적 세계관에서 축제를 바라본다는 것은 축제를 통해 도시의 가치를 회복시키는 것이다. 관광이 마케팅 관점이었다면 도시는 문화적 관점에서의 지역 브랜딩이다. 지역사회와 시민이 만들어 낸 고유문화인 축제는 도시의 문제를 외지 관광객과의 상호작용을 통해 해결하고자 하는 관광 사회학과 도시 사회학 관점의 복합적 가치이다. 도시는 항상 변해 왔고, 성장과 쇠퇴의 반복을 통해 현대에 이르고 있다.

　산업사회 이후 노동과 여가의 대립은 여가의 시대를 열었고, 도시 시민의 삶에 변화를 가져왔다. 축제는 도시에서의 시민여가와 타지역 관광객의 여가가 만나는 제3의 공간을 제공하고 있다. 현대사회 축제는 도시 공간과 장소에서 시민의 삶과 문화 구축을 위하여 타지역 주민인 관광객을 함께 품어내는 상호작용 전략이 매우 중요해졌다. 축제의 도시적 세계관 속에는 도시라는 공간에서 여가와 관광의 세계관이 공존하고 있기 때문에 시민과 관광객을 함께 품고, 풀어내는 것이 필요하다.

　기존 국가 중심의 세계화 시대가 여가의 시대와 관광의 시대를 동시에 열었다면 최근엔 국가가 아닌 도시 중심으로 바라보는 글로벌 시대를 맞이하고 있다. 도시는 시민 여가와 관광객 여가를 품고, 도시 회복에 노력을 기울이고 있다. 즉, 현대사회 축제를 바라보는 도시적 세계관은 시민과 관광객을 연결하는 매개체로 축제를 인식해야 한다.

산업사회에서 후기산업사회, 모던에서 포스트모던으로의 변화와 전환 속에서 도시의 축제를 바라볼 필요가 있다. 도시의 경관, 경제, 사회, 문화가 달라졌으며, 시민의 라이프 스타일도 달라졌다.

축제는 일상과 비일상 사이에서 문화적 심장으로 기능해야 하며, 도시의 혈관을 축제로 연결해 도시 로컬리티(Urban Locality) 문화를 구축시켜야 한다. 도시는 시민과 관광객의 가치를 도시 비전으로 품고, 축제를 촉매제로 도시 문화 구축의 동기부여와 목적을 실현해야 한다.

대한민국은 20세기 산업사회를 지나 21세기가 되면서 대도시를 중심으로 도심 공간을 품은 도심형 축제를 창출하기 시작하였다. 많은 축제가 강에서 거리로 축제 공간과 장소를 이동하는 것은 하나의 트렌드가 아닌 도시의 문제를 축제로 해결하고자 하는 숨겨진 의도이다. 산업의 쇠퇴, 원도심 붕괴, 인구감소, 도시재생 등의 도시 문제는 문화 플랫폼인 축제를 통해서 효율적으로 회복할 수 있다. 이제 축제는 시민과 지역 사회 단체뿐만 아니라 관광객도 도시의 문화 생산과 소비의 주체가 되는 플랫폼을 구축해야 한다. 결국, 도시의 축제적 세계관은 축제의 관광사회학적 접근이다.

현대사회 축제 세계관에서는 여가를 중심으로 하는 관광적 세계관이 핵심이지만, 전통사회 축제 세계관에서는 종교를 중심으로 하는 사회학적 가치가 핵심이었다. 초월성 축제의 도시적 세계관은 관광적 가치와 사회적 가치를 결합하여 도시의 문화적 가치를 탄생시킨다.

초월성 축제의 도시적 세계관

　　초월성 축제의 도시적 세계관은 지역을 글로벌로 도약시키는 데 있다. 지금까지 지역적 범주에서 관 주도로 운영되었던 축제는 판매 중심의 경제적 가치 창출에 집중되었다.

　　그러나 초월성 축제에서는 시민사회를 초월해 관광객과 지역 주민이 하나 되어 다함께 축제시민이 된다. 축제시민은 축제 기간 만이 아닌 일상에서도 온라인을 통해 연결과 소통이 가능하다.

　　초월성 축제에서 관광객은 지역의 가치와 지역 주민의 삶을 존중하는 착한여행의 주체가 되어야 한다. 지역 주민은 관광객을 진정어린 환대로 응대하고, 이웃 또는 출향인의 개념으로 인식해 관계를 구축해야 한다.

초월성 축제의 **세계관**

> 축제시민들은 지역 문제에 관심을 가지고, 문제해결에 동참할 것이다. 위기에 처한 지역의 상황을 온라인을 통해 인지하고, 하나로 연결된 플랫폼에서 함께 할 것이다. 그리고 그 응집은 위기에 처한 지역의 상황을 극복하도록 도움을 준다.
>
> 축제는 도시의 문화 상징 플랫폼이 되고, 축제시민들에 의해 축제와 지역의 가치는 글로벌로 확산될 것이다. 지역은 축제를 통해 전 세계인들을 대상으로 도시브랜딩이 가능하다. 온라인 공간에서의 축제 플랫폼은 오프라인 축제 및 지역 방문을 견인하고 로컬 브랜드의 글로벌화 출구 중 하나가 될 것이다.
>
> 뉴노멀 시대 초월성 축제는 축제의 일상화 전략을 통해 지역과 도시변화를 이끌 수 있는 새로운 가치를 창조한다.

초월성 축제 특성과 개념
멈춰버린 축제의 방향을 찾다

칼융(Carl Gustav Jung)은 인간의 집단 무의식 속에서 공통으로 나타나는 것을 아키타입(원형)이라 하였다. 전통사회 동·서양의 축제들을 분석해보면 공통으로 나타나는 특성들이 있으며, 이것을 축제 특성(축제성)이라 한다.

실재성 축제에서의 축제 특성은 축제 철학과 세계관 고찰을 통해 제의성, 전복성, 유희성, 일탈성, 집단성, 잔치성, 예술성, 치유성 8가지로 정리해 볼 수 있다.

현대사회 축제에서는 제의성과 전복성은 거의 사라졌으며, 놀이를 기반으로 한 유희성이 강조되고 있다. 제의성과 전복성은 축제의 종교적 세계관과 정치적 세계관에서 강조된 축제 특성으로 지배와 피지배 계급으로 구성된 전통사회 축제의 전형적 특성이라 할 수 있다. 일탈성은 전통사회에서 해방과 저항을 위한 일상의 금기 위반이었지만, 현대사회에서는 여가 및 관광 세계관이 중심이 된 축제 특성으로 일상 공간인 집과 일에서 벗어난 비일상 행위와 그곳에서 놀이를 통한 유희성이 두드러진 특성이다.

<표 2> 실재성 축제 특성 구분

구 분	전통사회 중심	공통	현대사회 중심
축 제 특 성	제의성 전복성	일탈성, 잔치성 예술성, 집단성	유희성 치유성

집단성은 전통적 세계관에선 지역 주민이 중심이었지만 현대적 세계관 속에서는 타지역 주민인 관광객으로 대상이 전이되었다. 잔치성의 대표적 요소인 술과 음식이 전통사회에서는 공동체 구성원 간의 나눔이었지만, 현대사회에서는 관광객을 대상으로 판매하는 주 수입원이다. 예술성은 축제장 조성과 프로그램 속에서 축제의 미학적 가치로서 표현되고 있으며, 치유성은 일상으로 돌아온 개인과 지역사회에 회복(Recreation)의 기능을 제공하고 있다.

초월성 축제의 특성은 앞에서 설명한 실재성 축제의 8가지 특성을 재해석하는 방법으로 제시한다. 초월성 축제는 공간 초월을 기반으로 각자의 공간에서 참가자 개별화와 자기조직화 창출[26]을 위해 O2O시스템을 이용하고, 오프라인에서의 디지로그 감성과 온라인에서의 공유가 자연스러운 연대로 이어지는 축제 운영 시스템이다.

이에 실재성 축제 특성을 재해석하여 초월성 축제에서는 <표 3>과 같이 공생성, 행복성, 의외성, 가상성, 연대성, 소통성, 통합성, 공유성으로 재해석 했다.

<표 3> 실재성 축제와 초월성 축제 특성 비교

구분	특 성							
실재성 축제	제의성	전복성	유희성	일탈성	집단성	잔치성	예술성	치유성
초월성 축제	공생성	행복성	의외성	가상성	연대성	소통성	통합성	공유성

---

26) 2017년 새만금노마드페스티벌 총감독을 하면서 축제 기획에 방문객 개별화와 자기 조직화 개념을 적용하였다. 방문객을 끌고 가는 기존의 축제를 거부하고, 환경을 제공하고 방문객의 직관에 의해 축제가 운영되게 하였다. 사전 모집과 전원 캠핑 속에서 프로그램 환경을 제공하고, SNS를 통해 축제와 프로그램 정보를 발신했으며, 참여 시간과 내용 등 운영의 영역은 방문객의 자율성에 맡겼는데, 그 속에서 필자는 축제 창발현상을 목격할 수 있었다. 주최자가 아닌 참가자에 의해 축제의 상호작용이 발생하도록 하는 축제의 새로운 가능성을 확인할 수 있었다. 즉, 개인 또는 함께 온 동반자 단위 스스로가 자기조직화를 통해 만드는 축제에서의 행위가 집단화를 통해 축제의 새로운 모습과 가치를 만들어내는 것이다. 축제 기획에 있어서 주최자의 소극적 관여와 참가자의 반응과 행동유형 관찰을 보다 극대화해주는 방향으로 참가자에 의해 축제가 진화하도록 디자인하는 것이다.

**초월성 축제
특성**

1) 공생성(共生性)

축제에서 제의성은 종교적 행위로 하나의 의식(Ritual)이다. 자연과 인간 그리고 신과의 만남에서 인간은 제의를 통해 자연을 토템신앙으로 품었고, 신과의 만남인 제의적 행위를 통해 집단의 통과의례를 만들었다.

결국, 축제는 성스러운 종교 의식인 제의에서 시작되었고, 제의가 중심이 된 원시사회의 축제는 인간의 복종심을 종교적인 행위를 통해 표출했다.[52] 제의는 고대 및 전통사회 축제의 출발이며, 인간이 거역할 수 없는 신성성의 만남을 사회 통치의 수단으로 의례화한 것으로 볼 수 있다. 하지만 이러한 축제의 제의성은 중세 종교에 의해 사라지고, 과학이 발달된 현대에는 그 의미가 상실되었다.

그림 5   페루, 인티 라이미 축제(Inti Raymi Festival)

포스트 코로나 시대 우리는 축제의 제의성을 어떻게 바라볼 것인가? 원시시대 인간은 동물이나 식물과 친족관계를 맺었고, 이러한 공존은 토템과 토템신앙을 발생시켰으며, 인간과 사회의 종교적 관념으로 발전하였다. 현대사회 인간은 자연과의 관계를 재인식하는 것에서 축제를 고민해야 한다.

지구온난화와 동물학대 논란이 일고 있는 겨울 축제들의 취소와 위기를 전환 시대에는 어떻게 받아들여야 할 것인가? 박쥐에게서 시작된 질병과 팬데믹 쇼크는 현대사회에서 인간 중심의 축제성에 문제를 제기한다.

동물과 식물 등 자연과의 관계가 축제성에 묶이되어서는 안되며, 축제로 인해 야기되는 환경오염 등을 자제해야 한다. 초월성 축제는 제의성을 뉴노멀 사회 축제 의식으로 새롭게 전환시키는 것이 필요하다. 그래서 초월성 축제에서는 실재성 축제의 제의성을 인간과 인간, 인간과 자연이 함께 더불어 살아가는 공생성으로 재해석하고자 한다.

　　세계 최대의 야외 음악공연 축제인 영국 글래스톤베리 페스티벌은 축제 기간 7만 6천여 개의 텐트가 설치되어 야영을 한다. 그래서 야기되는 자연훼손 문제를 해결하고자 환경보호에도 앞장서고 있으며, 그린피스, 옥스팜, 워터에이드 등의 환경단체에 후원을 해오고 있다. 5년 간격으로 축제 장소에 땅의 회복을 위한 안식년을 지내며, 축제를 통해 친환경, 비상업적인 가치를 실현하기 위해 노력 중이다. 2004년 축제에서는 행사에 사용되는 커피나 초콜릿을 공정무역에 의한 제품으로 사용하였고, 2005년에는 축제에서 나오는 쓰레기의 반 이상을 재활용하

그림 6　영국, 글래스톤베리 페스티벌(Glastonbury Festival)

고 있으며, 축제에 사용된 텐트, 버려진 장화 등은 깨끗하게 새제품으로 다듬은 후 재활용 센터에서 재정비를 거쳐 난민촌 이주자들에게 전달되었다. 그린피스가 메인 스폰서이고 페스티벌 측에서 환경보호를 강조하고 있어서 페스티벌 전반에 걸쳐 환경의 중요성을 강조하는 전시물들이 많으며, 각 스테이지 옆의 스크린에서도 상업광고가 나오는 것이 아니라 환경보호 관련 영상이나 페스티벌 부지를 더럽히지 말자는 캠페인성 메시지들로 구성되고 있다.

경제성만을 앞세운 실재성 축제에서 비전(Vision)과 주제(Thema) 그리고 의식(Ritual)을 기획함에 있어 공생성을 어떻게 풀어내야 하는지를 보여주는 좋은 사례이다. 특히 '특산물 판매 중심의 축제들이 판매 이전에 고민해야 할 것은 무엇인가?' 철학적 질문을 던질 필요가 있다. 축제의 성과는 단순히 방문객 수와 판매량이라는 정량적 성과만을 바라보아서는 안된다. 지구 환경보전과 사회운동을 비롯해 동물 및 식물과의 공생을 위한 철학적 가치도 뉴노멀 사회 의식으로 함께 풀어내야 한다.

이렇게 실재성 축제의 제의성은 초월성 축제에서 인간과 인간 그리고 인간과 자연의 공생이라는 새로운 관계성 구축으로 의식이 전환될 필요가 있다. 축제의 지속가능한 성장을 위해 초월성 축제 의식은 인간이 일상에서의 이기심을 버리고, 공생의 새로운 가치를 축제 속에서 발견할 수 있도록 새로운 진화가 필요하다.

2) 행복성(幸福性)

실재성 축제의 전복성(顚覆性)은 축제의 비일상 시공간을 통해 세상이 뒤집히는 새로운 세상의 창출이 현실이 되는 것이다. 전통사회에서 새로운 세상에 대한 염원은 지배층이 아닌 피지배층의 것이었다. 계급사회 구조 속에서 억눌리고, 고통 받는 삶의 일상은 인간으로 하여금 새로운 세상을 꿈꾸게 하였으며, 그 꿈이 현실이 될 때 지배층 즉, 왕이 바뀌는 결과를 만들었다. 제의성과 더불어 전복성은 전통사회를 유지하기 위한 수단으로 이용되었고, 일상의 금기가 축제의 시공간에서 허용되도록 해 사회를 정화시키는 기능을 하게 하였다. 하지만 현대사회 축제에서는 사회 정화 의미의 전복성을 찾아보기란 쉽지 않다.

뉴노멀 사회가 꿈꾸는 새로운 세상은 무엇인가? 실재성 축제에서 행해진 축제의 전복성을 초월성 축제에서는 행복성으로 재해석하고자 한다. 계급사회였던 전통시대의 하층민들에게 축제는 기쁨이고 해방의 날이었다. 바로 축제의 전복성 때문이다. 그런데 현대사회에서 지역 주민이 바라보는 축제의 중심 가치는 행복이 아닌 경제이다. 축제의 관광화는 축제 스스로를 지역 특산품 판매와 지역마케팅의 수단으로 인식하게 했다.

많은 방문객을 맞이 하고, 많은 판매가 이루어지도록 하기 위해 행정은 수많은 민원을 해결하며 축제는 힘든 업무의 현장이 되었고, 지역 주민은 자원봉사자가 되어 노동력을 착취당하거나, 판매자가 되어 축제에서 한몫 벌어보겠다는 의지의 현장이 되었다. 축제의 이러한 모습 속에서 우리는 대한민국의 현실을 볼 수 있다. 현재 대한민국은 경제 선진국을 이루었을지는 모르나, 행복 선진국은 이루지 못하고 있다. 30년 전에도 3년 전에도 그리고 지금도 한국인 행복지수는 경제협력개발기구(OECD) 회원국 중에서 하위권에 머무르고 있다.

초월성 축제는 인간 개인의 자아실현과 행복의 가치가 축제를 통해 실현되고, 지역을 초월하는 연대를 통해 상생하는 행복한 사회를 구축하는 축제이다. 최근 대한민국 사회에도 북유럽의 라이프스타일이 일상으로 들어오고 있다. 스웨덴 사람들은 균형 있는 삶의 행복을 라곰(Lagom)이라 하는데, 이 '라곰 라이프'는 이 시대 축제가 어떠한 행복 패러다임을 살펴야 하는지를 이야기 하고 있다. 라곰은 충분한, 알맞은, 균형, 조화의 여러 의미와 같이 '균형 잡힌 적당함'을 의미하며, 그 기준은 개인마다 다를 수 있음을 가치로 인식한다. 이것을 초월성 축제 운영 철학에도 접목할 필요가 있다.

그림 7   라곰 스타일

축제가 기준을 정하고 틀을 만들어 방문객을 밀집시켜 끌고 가는 전체주의적 운영은 실재성 축제의 운영 스타일이다. 초월성 축제는 각자의 축제 공간에서 각자가 느끼는 최선과 최적의 상태를 추구할 수 있도록 개별화와 자기조직화를 가능할 수 있도록 해야 한다. 축제를 통해 개인의 행복은 실천되고, 공진화[27](共進化:Coevolution)를 통해 자연스럽게 연대하게 되는 것이다.

전통사회 축제의 전복성은 그 시대와 사회가 당면한 문제점을 풍자와 해학으로 표출하는 커뮤니케이션 기능을 하였다. 지배계급과 피지배계급 모두는 사회 정화를 위한 차원에서 비일상 축제를 만들어 소통했으며, 축제 시공간에서의 모든 행위는 허가되고, 용납되었다.

그런데 현대사회 축제에서 이러한 전복성이 사라진 것에는 중세 이후 계급의 시대가 끝난 것과 근대 이후 축제 운영이 관 주도로 행해진 것에서 생각해 볼 수 있다. 물론, 유럽의 몇몇 거리축제들에서는 대형 인형에 정치를 풍자해 퍼레이드를 즐기고 있지만 현대축제에서 보편적으로 행해지는 것은 아니다.

---

27) 공진화는 거대한 생태계에서 둘 또는 그 이상의 그룹 중에 상호 의존적인 진화가 일어나는 것을 말한다. 공진하는 경쟁과 협동 그리고 제한된 동일 자원에 대한 서로 다른 활용이라는 피드백으로 발생된다.〈나무위키〉

그림 8 독일, 쾰른 카니발(Köln karneval)

축제를 통해 지역, 국가, 세계를 범주로 사회적 가치를 실현시키는 커뮤니케이션 기능이 실천되어야 한다. 이것이 바로 초월성 축제가 지향하는 인류가 상생하는 행복한 사회 구축이다. 오프라인으로는 한계가 있지만 온라인을 통한 접속과 연결 그리고 공유와 공감이 연대로 파생된다면 축제의 가치는 곧 사회적 가치가 되고 참가자들을 통해서 실천될 수 있다.

유한킴벌리는 나무를 베어 휴지를 만들지만, '우리강산 푸르게 푸르게'를 외치며 환경을 생각하고, 나무심기 운동을 사회에서 펼치고 있다. 초월성 축제 시대 대한민국 특산물 축제들을 비롯해 모든 축제들은 스스로가 사회적 가치 실천의 철학을 가져야 한다. 이러한 공감과 공유가 연대를 이룰 때, 축제의 글로벌화는 촉진될 것이다.

포스트 코로나 시대 초월성 축제의 행복성은 더 좋은 사회를 만들기 위해 지역사회와 참가자가 함께 만들어가는 축제 속 캠페인이며, 착하고 건강한 관광문화 행위로 살펴볼 수 있다. 초월성 축제의 철학 속에서 개인의 자아실현과 행복의 가치는 서로에게 영향을 주며 스스로 축제의 브랜드 문화를 구축시킬 것이다.

축제 행복성의 공진화는 축제 참가자들이 자신의 자아실현과 행복을 표현하지만, 그것이 곧 상호작용을 통해 서로에게 영향을 주면서 축제의 정체성을 표현하는 공통분모 즉, 공감과 공유가 온라인을 통해 극대화 된다. 각자의 공간에서 공간을 초월한 만남은 서로의 가치와 행복을 인정해주고, 응원해주며, 공통분모의 파이를 키우는 노력으로 행복을 공유하고 각각의 공간에서 연대를 통해 사회를 행복하게 하는 역할을 할 것이다.

3) 의외성(意外性)

유희성은 제의성이 사라진 현대축제의 가장 대표적인 축제성이다. 호이징가(Johan Huizinga)는 호모루덴스(Homo Ludens)에서 인간의 본질을 유희적 관점에서 파악하였다. 즉, 축제는 제의와 함께 인간 놀이의 가장 높은 형식으로 보았으며, 놀이는 단순히 노는 것이 아닌 정신적 창조 활동으로 학문과 예술 등 인간 문명 모든 발전에 기여한다고 보았다.

전통사회에서는 제의도 하나의 놀이로 볼 수 있으며, 제의 이후 춤을 추고, 노래를 부르거나, 경기를 즐기는 모든 것이 놀이였다. 이렇게 전통사회 축제 유희성은 공동체 놀이로 나타났으며, 현대에는 개별 방문객들의 집단 놀이로 유희성이 표출되고 있다.

그림 9 프랑스, 니스 카니발(Carnival de Nice)

    결국, 현대사회에서 축제 유희성은 인간이 축제를 즐기고, 방문하는 근본 목적이다. 축제 방문은 유희의 대상인 콘텐츠를 소비하기 위해 이루어진다. 대한민국에서 축제의 질적 성장을 추구함에 있어 콘텐츠가 중심이 되는 이유도 여기에 있다. 모든 축제들의 궁극적인 목적은 전 세

그림 10 제주들불축제

계인이 즐길 수 있는 킬러 콘텐츠를 갖는 것이다. 예컨대, 해외에는 스페인 부뇰 토마토축제 토마토 전투, 독일 뮌헨 옥토버페스트 맥주 마시기, 프랑스 니스 카니발 퍼레이드 등이 있고, 대한민국은 진주 남강유등축제 유등 전시, 무주 반딧불축제 반딧불이 신비 탐사, 제주 들불축제 오름불 놓기 등이 있다.

　비대면과 거리두기를 요구하는 위드 코로나 시대에 초월성 축제는 유희성을 어떻게 재해석할 수 있는가? 호모루덴스 관점에서 축제는 그 자체가 놀이이다. 지금까지 축제는 기획자에 의해 짜여진 판에 축제 참가자들이 순응해서 즐기는 것이었다. 그러므로 언택트(Untact) 축제를 실시하더라도 축제 기획적 발상과 전환에서 유희성은 반드시 필요하다.

　즐거움이 없는 축제는 상상할 수 없다. 그리고 방식의 전환이 유희성을 떨어뜨려서도 안된다. 결국, 유희성의 재해석은 전환 시대 축제 운영 방식의 연계선상에서 고민되어져야 한다.

　실재성 축제에서 유희성은 집합과 집단놀이의 표출로 나타났다. 초월성 축제는 집단성을 파괴시키는 개념이다. 그리고 그 대안을 온라인과 오프라인이 결합한 공간성과 축제 콘텐츠의 다양성과 다원성에서 찾고 있다. 이것은 위드 코로나 시대의 요구를 반영한다. 집단성이 파괴된 상황 속에 축제 유희성 창출은 어쩌면, 개인 여가 시대에 일찍이 요구되어 왔다. 결국, 초월성 축제는 실재성 축제의 집합 개념을 개별화 개념으로 전환시켜 유희성을 의외성으로 재해석 하고자 한다.

　의외성은 뜻밖의 상황을 만들어 내는 것을 의미한다. 초월성 축제는 축제 기획에 참가자를 참여시켜 기획적 완성이 현장에서 이루어지도록 한다. 즉, 결정된 것 없이, 참가자 스스로가 선택하고, 스케줄링을 해서 축제를 즐기는 개념이다.

앞서 초월성 축제에서 다른 참가자와의 만남과 교류 그리고 상호작용이 이루어지는 순간을 공진화로 설명하였다. 축제가 의외성을 만들기 위해서는 기대 이상의 만족과 감동이 축제의 재미로 이어지는 기획적 고민이 있어야 한다. 참가자 이야기의 결말은 결정된 것이 없으며, 축제 주최측이나 기획자가 개입하지 않는다.

즉, 축제 현장에서 참가자 스스로가 자기의 이야기를 생성하는 접근으로 호기심과 주도성은 축제와의 상호작용을 유희적으로 끌어 낼 수 있다. 자율적 참여를 유도하는 개방형 환경이 제공되고, 축제 기획에 참가자를 참여시키는 상호작용성 창출은 언택트 시대에 온택트(Ontact)를 활용할 수 있고 오프라인 축제장에서도 디지털과 결합한 디지로그(Digilog) 방식으로 다양한 의외성을 만들어낼 수 있다.

초월성 축제의 의외성은 실재성 축제의 기획이나 운영 방식과는 관점이 다른 새로운 시도이다. 코로나19로 인해 행해지고 있는 온라인 축제들과는 대조적으로 초월성 축제는 오프라인과 온라인을 결합해 오프라인의 유희성을 새롭게 창출하는 개념이다.

초월성 축제는 온라인을 통한 새로운 축제 운영과 연결 방식을 고민해야 한다. 그리고 오프라인 축제 활동은 온라인을 연결함에 있어서 지금까지와는 다른 방식으로 운영되어야 한다. 초월성 축제 시대의 온라인 활용 방식은 단순히 영상 송출과 조회수가 아닌 오프라인과의 융합 속에 새로운 방식으로 축제를 실현하고, 유희성을 의외성의 극대화로 이끌어 내야 한다.

원더프룻 페스티벌(Wonderfruit Festival)은 매년 12월에 개최되는 태국 파타야의 대표적인 음악 페스티벌이다. 앱을 통해 방문객들이 프로그램을 사전 예약하고, 즐기고 싶은 공연 스케줄을 미리 짜두면 앱의 알림과 함께 자기만의 축제를 즐길 수 있다. 모두를 집합시켜 킬러 콘텐츠 프로그램을 운영하는 개념이 아니다. 다양한 프로그램을 곳곳에 대등한 개념에서 배치해 놓고, 여러 개의 프로그램이 동시에 실시간으로 운영되는 구조이다. 그 속에서 방문객들은 개별적으로 자기 스타일의 프로그램을 즐기고, 쉬고, 먹고, 잠자고 한다. 사전 예약 프로그램은 인원이 모이지 않으면 취소되며, 모든 프로그램이 개별적으로 자유롭게 운영되고 있다. 대한민국에서 운영되는 축제 시스템과는 완전히 다른 방식이다.

그림 11 태국, 원더프룻 페스티벌 앱(Wonderfruit Festival App)

초월성 축제 시대의 축제 콘텐츠는 다양해야 하며, 방문객의 다원성을 존중하는 방식으로 축제 프로그램 서비스 창출이 이루어져야 한다. 한 프로그램에 많은 인원이 참여하는 방식이 아닌 중·소 그룹이 참여하는 운영 시스템을 만들어야 한다. 그리고 스마트폰을 활용한 디지털 기술을 적용하여 참가자 개인이 스케줄링을 통해 축제 콘텐츠를 향유하도록 해야한다.

4) 가상성(假像性)

실재성 축제에서 일탈성은 전통과 현대축제 모두를 아우르는 큰 특성이다. 일탈은 통상적으로 사회적 규범을 벗어나는 행동을 지칭하지만 기준의 잣대를 바꾸어 축제의 시공간에서 보면 긍정적 일탈은 인류에게 유익한 창조가 된다.

인간이 사회생활을 하는데 있어서 지켜야 할 행동양식이 바로 규범이다. 그런데 축제는 이러한 규범을 파괴하는 비일상의 시공간이며, 축제 속 혼돈은 새로운 질서를 자유롭게 경험시키는 해방 문화적 특성을 가지고 있다. 전통사회 축제에서 일탈성은 계급 사회 구조 속에서 거주 공간 민중들의 바보제(The Feast of Fools) 형태를 띠며 사회 구조에 대한 저항과 해방의 문화적 표출이었다.

현대사회에서는 일상에서 반복되는 개인의 규범적 삶에 대한 저항

그림 12　피터르 브뤼헐의 사육제와 사순절의 싸움

과 탈출이 여가 및 관광으로 표출되고 있다. 결국, 축제의 일탈성은 시대에 따라 다른 양상을 띠지만 일상의 재생과 새로운 창조를 위해 개인이나 집단이 경험하는 비일상의 저항이며, 해방이다.

코로나19로 인한 팬데믹은 공연장, 박물관, 영화관, 미술관 등 밀폐된 공간을 멀리하고, 집이나 일상을 벗어나 인적이 드문 자연 공간 등으로 제한된 여가와 관광만을 허락하고 있다. 관광은 장거리보다는 근거리, 이동형보다는 정주형, 명소보다는 숨은 관광지를 찾고 있다. 이렇듯 제한된 공간과 반복되는 일상에서 억눌린 삶의 스트레스는 더욱 가중되고 있으며 팬데믹 상황이 지속되면서 일상의 저항과 탈출의 욕구는 더욱 강해지고 있다.

2020년 축제는 상당수가 취소되었고, 일부가 온라인 또는 축소 개최되었다. 이제 일탈은 바람이 되었으며 이런 상황에서 축제의 일탈성은 어떻게 재해석해 볼 수 있을까?

현실의 상황과 환경을 벗어나고 싶은 인간의 일탈성과 비일상 욕구는 축제를 탄생시켰다. 비일상 시공간에서 축제 체험은 인간의 일상 욕구를 보상해주는 경험이 되었고 축제는 인간이 일상을 긍정하고, 다시 살아갈 수 있도록 하였다. 그래서 축제는 시간과 공간 그리고 그곳에서의 체험과 활동이 일상에서의 삶을 벗어나도록 해야 한다.

지역 주민에게는 일상 공간에 새로운 의미를 부여하고 사회적 약속을 통해 일탈의 시공간을 여는 정신적 영역이 크다. 반면에 타지역 참가자에게는 거주지에서 축제장으로의 장소적 이동만으로도 일상을 벗어나게 해준다. 초월성 축제는 코로나19가 일상인 상황에서 지역 주민과 관광객의 일탈을 장소적 범주에서 사고해서는 안된다. 장소가 아닌 공간과 인간의 정신을 결합시켜 콘텐츠로서 축제 환경 구축을 가능하게 해야한다. 그래서 초월성 축제는 실재성 축제의 일탈성을 가상성으로 재해석 하고자 한다.

실재성 축제에서 전통사회는 행위를 통해서, 현대사회는 장소를 통해서 일탈감을 우선적으로 느꼈다. 초월성 축제는 디지털 기술과의 접목으로 구축된 환경으로 축제 공간의 이동성에서 일탈성을 찾는다. 즉 오프라인과 온라인 공간에서 축제의 가상공간 창출은 참가자들이 오프라인과 온라인을 자유롭게 넘나들면서 일상 탈출의 가능성과 일탈성을 경험시킬 것이다. 디지털 환경의 축제 접목은 가상공간을 통해 온라인과 오프라인에서의 신선한 가능성을 열어 일상 저항과 해방의 순간을 새로운 스타일로 보상해 준다.

즉, 가상성을 통해 가상공간과 혼합공간이 창출되고, 가상현실(VR)과 증강현실(AR) 등 실감형 기술을 콘텐츠에 적용할 수 있다. 오프라인 축제에서는 스마트폰을 도구로 축제와의 콘텐츠적 접촉과 더불어 타 참가자와의 만남을 시도하며 온라인 속에서는 자신의 아바타(Avatar)가 축제를 경험하게 한다. 뿐만 아니라 축제 공간을 주제화하고, 스토리를 창출해 안내와 정보, 콘텐츠와 콘텐츠를 둘러싼 소환경을 디지로그(Digilog)로 연결한다. 디지로그란 디지털 기술에 아날로그의 따뜻한 감성을 조화시킨 상품이나 서비스이다.

포스트 코로나 이후 또 다른 팬데믹은 언제든 다시 찾아올 수 있다. 그렇기 때문에 우리는 팬데믹 시대 축제성의 재해석을 통해 지속가능한 축제에 대해 고민을 해야 하며, 축제의 일탈성은 결국 가상공간에서의 디지로그 창출 수준과 기획적 가치가 될 것이다.

삼성전자는 온라인 가상공간에서 주요 신제품을 공개하고 있다. 기술적 한계를 극복한 연결성으로 어떤 환경에서도 개인과 세상을 연결하고 있는 것이다. 2020년 9월에는 소비자들의 다양한 일상을 풍요롭게 하겠다는 비전으로 '멈추지 않는 삶'을 컨퍼런스로 개최해 전 세계 소비자들과 공유하였다. 게임에 사용되는 '언리얼 게이밍 플랫폼'을 활용해 제품을 실제와 같이 체험할 수 있도록 해 다양한 상호작용이 가능하도록 하였다.

그림 13   삼성전자 버추얼 프레스 콘퍼런스 'Life Unstoppable(멈추지 않는 삶)'

초월성 축제는 실재성 축제와는 달리 온라인과 오프라인 공간이 함께 생기고, 두 공간의 결합이 새로운 디지털 접근과 축제 경험을 만들어 새로운 일탈성을 가상공간에서 탄생시킬 것이다.

5) 연대성(連帶性)

집단성은 축제를 통해 축제의 사회학적 가치를 발견하게 해준다. 집단(集團)이란 사람이 단순하게 모여 있는 것을 의미하지 않는다. 집단은 그 자체로서 사회적 구조를 가지며 조직의 일부이면서 그 자체로서 전체의 의미를 가진다.[53] 이에 집단성은 집단의 상호의존과 통합이 강조된 성격으로 설명할 수 있다. 실제성 축제에서 축제의 집단성은 놀이를 통해 지역사회 공동체의 상호 의존과 통합의 효과가 있었다.

스페인 부뇰 토마토축제나 일본 하카타 야마카사축제 등의 유명 축제에서는 시민의 집단 역동을 킬러 콘텐츠에서 느낄 수 있으며, 글로벌 축제로서 관광 매력을 이끌고 있다. 축제의 집단성은 과거 지역 주민 중심에서 현대에는 지역 주민과 관광객이 함께 어우러져 놀이를 통해 상호작용하고 있다.

그림 14   스페인, 토마토 축제(La Tomatina)

그림 15 일본, 하카타 기온 야마카사 마츠리(Hakata Gion Yamakasa Festival)

축제 집단성은 유희성과 일탈성을 부여하지만, 그 이면에는 사회적 동물로서 인간 개인과 소속 사회를 함께 바라볼 수 있게 한다. 하지만 대한민국은 관 주도에 의해 지역사회 공동체 축제를 지역 마케팅을 위한 관광형 축제로 리모델링(Remodeling)하면서 공동체의 상호의존과 통합의 축제 가치는 사라지고, 관광객 중심의 집단적 체험만으로 축제의 집단성 수준을 형성하고 있다.

여가적 맥락에서 사회성 없는 일시적 응집의 프로그램 체험은 집단역동을 이끌지 못하고 있으며, 특정 공간에 몇 천명이 모여 체험하는 것으로 축제 집단성을 이야기 한다. 결국, 현대사회에서 개발된 대한민국 축제에서 집단성은 주최측이 마련한 프로그램에 개별단위가 일시적으로 밀집하여 프로그램을 밀접하게 체험하는 유희적 모습이다.

위드 코로나 시대에 축제가 개최되지 못하거나 비대면으로 개최되는 이유는 축제 집단성 때문이다. 코로나19가 전국적으로 퍼진 3차 대유행 현상을 접하며, 뉴노멀 시대 밀집과 밀접에 의한 축제 집단성에 대한 경계를 생각하지 않을 수 없다. 결국, 축제 집단성에 대한 재해석과 축제성에 대한 고민은 축제 본질을 초월한 시대적 고민이다.

축제에서 집단은 놀이를 통한 접촉 방식이 구성원 간 직접적인 대면 접촉과 친밀감으로 나타나며, 이를 바탕으로 역동적 관계 형성과 축제성이 드러난다. 그리고 프로그램을 통해 개인은 집단으로의 결합

의지가 자연스럽게 생겨나며, 프로그램 몰입을 통해서 개인은 공동체가 되고 동질감을 느낀다.

대한민국은 2002년 월드컵 거리응원을 통해 하나 된 경험을 가지고 있다. 이러한 집단성은 실재성 축제의 기획에서 철저히 의도하고 실행된 것이다. 그래서 유명한 축제들은 집단문화를 가지고 있다. 축제의 집단문화는 참가자 개인의 무의식을 집단속으로 이끌어 카타르시스를 경험시키는 속성을 가지고 있다. 이러한 집단문화의 경험 욕구가 축제를 관광의 목적지로 만든 것이다.

하지만 팬데믹은 거리두기 실천으로 축제에서 집단성 해체를 요구하고 있다. 집단성이 해체된 축제일 때 최소한의 오프라인 축제 개최는 가능하다. 결국, 초월성 축제는 참가자들이 모이지 않도록 분산시키면서 동시에 분산된 참가자를 다시 연결시키는 것을 고민해야 한다. 즉, 실재성 축제의 집단성은 초월성 축제에서 온라인을 기반으로 한 연대성으로 재해석해 볼 수 있는 것이다.

뉴노멀 시대 우리는 함께 연결되어 있음을 확인하는 장치가 빠르게 구축되어야 한다. 이것은 사회정의와 공동선을 실천하는 연대성으로 나타나고 도덕적 가치를 사회 구성원이 함께 만들어 내도록 할 것이다. 이 모든 것은 온라인 공간을 통해 가능해진다.

초월성 축제는 미래 사회를 행복하게 해주는 연대 플랫폼이다. 초월성 축제의 공생성과 행복성은 연대성을 통해 실천된다. 그리고 연대성은 가상성과의 결합속에서 나타나는 의외성이 실재성 축제에서의 유희성과 일탈성을 대신할 것이다.

초월성 축제가 집단성 해체를 회복시키는 방법은 랜선을 통해 공간을 초월하고, 전 세계적으로 축제 참가자를 연결시키는 것이다. 이것이 곧 뉴노멀 스타일의 새로운 집단성이다.

아울러, 초월성 축제가 연대성을 갖기 위해서는 참가자들의 공감을 얻어내야 한다. 그러기 위해 초월성 축제는 지역만을 위한 축제가 아닌 인류를 위한 축제가 되어야 한다. 이것이 축제가 연대를 통해 글로벌로 나아가는 길이다. 공감은 참가를 유도하고, 참가자들 간의 상호 공유는 자연스럽게 사회적 캠페인을 형성할 것이다. 그리고 적극적 참가자는 각각의 공간에서 공유자들의 연대를 추진할 것이다. 또한 연대를 통한 오프라인 만남은 축제를 통한 사회적 가치를 실천하는 모임으로 확산되어 축제의 상호작용과 브랜드 문화를 구축시킬 것이다.

축제는 무형의 공공재이면서 공유재이다. 경제는 부가적으로 따라오는 것이지 본질이 되어서는 안된다. 축제의 경제성은 사회적 경제, 공정무역, 공정여행 등의 실천으로 축제 윤리를 자리잡게 해야 한다.

그래서 초월성 축제 연대성은 인간과 사회 스스로를 이롭게 하는 실천이기 때문에 협력하여 선을 실천하는 축제 문화를 구축해야 한다.

초월성 축제를 통한 사회적 연대는 축제를 소비시키는 것이 아닌 축제와 관계를 맺어가게 함으로써 지역과 인류를 살리는 뉴노멀 사회의 착한 문화이다.

그림 16 공정무역 마크

6) 소통성(疏通性)

잔치성이란 함께 모여 축하하고, 술과 음식을 나누는 행위를 말한다. 전통적 축제에서 잔치성은 종교적 제례를 통해 제사에 바쳐진 음식을 나눠 먹는 행위가 신과 인간을 하나 되게 하고, 인간과 인간을 화해(和解)하도록 하였다. 신은 인간의 한계를 넘어서는 초월성의 대상이었다. 인간이 자신의 힘으로 더 이상 아무것도 할 수 없는 상태에서 유일한 타결책은 바로 신과 소통하는 것이었다.[54] 사회 구성원인 지배계층과 피지배계층 간에도 역할 바꾸기로 화해와 소통이 이루어졌다.

음식을 나누고, 춤과 노래를 부르며, 게임을 즐기는 과정에서 이웃 간 마음의 거리는 가까워지고, 관계는 더욱 강화되었다. 현대사회에서도 이러한 잔치성은 설날과 추석에 조상에게 차례(茶禮)를 지내고, 가족과 이웃이 술과 음식을 나누는 유교 문화 속에서도 살펴 볼 수 있다. 하지만, 현대사회 많은 축제에서 잔치성은 사라졌다. 축제가 관광화되면서 축제에서의 술과 음식은 함께 나누는 개념이 아닌 소득 창출을 위한 서비스 상품이 되었고, 축제에서의 음식 소비는 곧 해당 축제의 규모와 경제적 성과를 측정하는 중요한 부분으로 자리매김하였다. 반면에 아직까지도 마을축제에서는 동네 주민들을 대상으로 한 잔치성이 축제의 중요한 부분을 차지하고 있다.

그림 17 정선아리랑제 칠현제례 및 뗏목제례

2020년 문화관광축제인 정선아리랑제 총감독을 하면서 축제 잔치성의 근대적인 모습을 발견할 수 있었다. 축제 기획을 위한 주민과의 만남에서 지역 주민이 가장 중요하게 생각하는 부분은 9개 읍면 본부 부스와 식당 부스라는 것을 알게 되었다.

몽골텐트 속에서 주민들만을 위한 폐쇄적 구조는 문화관광축제 전문가 평가에서 사라져야 할 1순위였지만, 지역 주민들의 의식 속에는 본부 부스에 찬조금을 내고, 해당 읍면 식당 부스에 가서 밥을 공짜로 먹으며, 그곳에서 만난 주민들과 술과 음식을 나누는 과정이 곧 축제에 참여하는 것이었다. 결국, 45년을 이어온 정선아리랑제의 원형은 잔치성이고 주민 소통의 축제 공간이 곧 식당인 것을 발견할 수 있었다.

전통사회 축제에서 잔치성은 축제의 주요한 특성이다. 정선아리랑제 잔치성은 보존되고, 지켜져야 하며, 더욱 활성화되어야 할 중요한 부분이라 생각한다. 그래서 본부 부스와 음식 부스를 통합하고, 공간의 콘텐츠화를 기획하였다. 관광객을 품을 수 있는 열린 공간으로 지역 주민만의 공간을 특화했다. 축제 잔치인 식당에 참여하는 지역 주민의 모습은 축제를 방문한 관광객들에게 축제의 볼거리가 되고, 체험 거리가 될 수 있도록 하였다. 결국, 인간사회 축제의 잔치성은 인간이 음식을 통해 소통하는 하나의 방식인 것이다.

2019년 정선아리랑제 9개읍면 본부석

2019년 정선아리랑제 9개읍면 식당

2020년 정선아리랑제 9개읍면 본부석과 식당

그림 18 정선아리랑제 2019년, 2020년 식당

이에 초월성 축제는 잔치성을 소통성으로 재해석하고자 한다. 오프라인 공간을 초월한 초월성 축제는 온라인 공간 접속에만 의미를 두지 않는다. 접속 이후 참가자들을 상호작용하게 하는 소통성에 집중한다. 실재성 축제가 면대면 상호작용이었다면 초월성 축제는 비대면 온라인을 통해서도 상호작용을 이끌어 참가자 간에 관계를 형성시키는 것이 가능해졌다.

소셜 네트워크(Social Network)와 소셜 네트워크 서비스(SNS : Social Network Service)에 기반한 온라인 축제 환경은 지역을 글로벌로 연결시키는 축제 환경을 구축시킨다. 사회적 관계망인 소셜 네트워크는 사용자 간의 자유로운 의사소통과 정보 공유 및 인맥 확대를 강화시켜주는 플랫폼을 의미한다.

대한민국에서는 과거, 아이러브스쿨이 전국에 흩어져 있던 동창들을 만나게 해주었고, 싸이월드(Cyworld)는 온라인을 통해 새로운 사람과 친구가 될 수 있도록 하였다. 현재는 밴드(Band), 페이스북(Facebook), 트위터(Twitter), 인스타그램(Instagram) 그리고 유튜브(Youtube) 등의 SNS서비스는 세계를 연결시키고, 세계인을 소통시키고 있다. 초월성 축제는 이 부분을 주목해야 한다. 공간을 초월함에 있어 가치 창출은 바로 네트워크 서비스를 구축하는 것이다.

실재성 축제와 달리 초월성 축제는 온라인 서비스를 통해 오프라인 축제장을 연결시켜 세계적 소통을 만들어 낼 수 있다. 그리고 팬데믹과 같은 상황에서도 오프라인 축제장을 거점으로 온라인 참가자 개별적 공간을 네트워크 시키고, 간접적으로 축제 참여와 소통을 가능하게 해 참가자 간 자연스러운 공유가 이루어지게 한다.

앞서 초월성 축제는 공생성과 행복성이 가상성을 바탕으로 미래 사회를 행복하게 해주는 연대 플랫폼으로 연대성을 설명하였다. 초월성 축제가 글로벌 축제가 되기 위해서는 지역 사회가 연대 플랫폼을 구축해야 하고, 이를 기반으로 세계적 네트워크 서비스를 고민해야 한다. SNS 서비스는 계속해서 변화와 진화를 거듭하고 있다. 우리에게 싸이월드가 사라졌듯 트위터나 페이스북도 미래에는 사라질 수도 있다. 하지만 우리는 사회적 동물인 인간이 스마트폰에 집중하고, 스마트폰을 통해 감정을 공유하는 방식을 분석해야 한다. 외로운 현대인들은 자기 공간에서 홀로 스마트폰을 통해 가상 세계로 들어가고 있고, 그 속에서 많은 사람들과 소통과 공감을 하고 있다. 축제는 소통과 공감의 대상이 되어야 하며, 초월성 축제는 행복의 가치를 주고, 의외성으로 재미를 주게 될 것이다.

그리고 온라인 연대를 오프라인 활동까지 이끌어내 아름답고 행복한 세상을 만드는데 축제가 플랫폼이 되어야 한다. 즉, 뉴노멀 시대 초월성 축제는 축제가 지향하는 새로운 축제 특성을 플랫폼으로 개발해야 하고, 소통을 원활하게 할 수 있는 환경과 서비스 구축을 축제 맞춤형으로 실시해야 한다.

7) 통합성(統合性)

　　예술성은 전통사회 축제에서 제의에 집중되었고 연행(演行, Performance)을 통해 제의의 신성함을 연출시키고, 참가자를 몰입시키는 행위였다. 현대사회 축제에서는 유희에 집중되어 즐거움과 환희를 자극시키는 촉매제 기능을 하고 있다. 오늘날 우리가 예술이라고 말하는 활

그림 19 춘천마임축제

동들은 미를 추구하는 활동들로 시, 음악, 회화, 조각, 건축이 있다.[55] 인간의 심리와 감정에 호소하는 커뮤니케이션 전략으로 예술성은 축제에 심미적 가치를 부여해 주었다.

최근 축제에서 예술성은 프로그램과 물리적 환경에 주요하게 작용하고 있다. 전시, 공연, 연극 등의 프로그램에서는 스펙터클과 브랜드화가 강화되고 있으며, 물리적 환경의 공간 조성에는 디자인적 요소가 강화되고 있다. 그리고 다원 예술과 공연의 복합화를 통해 다양한 예술이 축제와의 접촉을 시도하고 있다. 축제에서 예술성의 가치는 참가자에게 축제의 창조성과 심미성을 경험시켜, 그 감동이 축제와 참가자 일상에 새로운 가치를 창출시키는 것이라 생각된다.

축제에서 예술성의 가치는 커질 것이며, 축제의 주제화가 강해질수록 예술은 프로그램, 홍보물, 물리적 환경, 공간, 동선, 시설 계획 등을 통합적 사고에서 디자인하는 안목을 길러 줄 것이다. 초월성 축제는 실재성 축제와는 달리 온라인과 오프라인의 통합된 축제 환경에 창조적 연결을 새롭게 디자인해야 하기 때문에 예술성을 통합성으로 재해석 하고자 한다.

지금까지 실재성 축제는 축제만을 생각하고, 축제와 지역의 이익만을 생각했었다. 뉴노멀 시대는 더불어 살고, 함께 돌보며 살아가야 하는 사회이다. 축제 또한 지속가능한 성장의 가치를 인류와 사회적 측면에서 함께 고민해야 한다. 축제 가치와 철학을 참가자가 실천하고, 표현할 수 있도록 해야 하며 생활과 놀이를 결합시킨 미학적 경험이 다른 참가자와 미참가자에게도 공감되고 공유되어 새로운 가치를 탄생시켜야 한다.

초월성 축제는 아름다운 사회를 만들고 싶은 인간 내면의 욕구를 축제를 통해 다양한 공간에서 풀어갈 수 있다. 그래서 축제하는 인간의 행복과 풍요로운 삶을 축제를 통해 경험할 수 있게 되고 경제적 가치가 아닌 축제의 사회학적 가치의 실천으로 아름다운 사회가 구현 될 것이다.

통합성은 주최측과 참가자가 축제를 통해 인류와 사회를 바라볼 수 있도록 축제적 우주를 만들게 해야 한다. 축제마다 고유성과 정체성을 각각의 우주에 담아 오프라인 공간을 넘어서 온라인과 함께 다양한 프로그램과 물리적 환경 조성을 표현할 수 있어야 한다. 아울러, 공간과 프로그램만이 아닌 마케팅과 디자인 등 축제 전반에 있어서 통합적 사고가 필요하다.

뉴노멀 시대 환경의 변화와 속도는 실재성 축제가 초월성 축제로 전환하는데 통합적 사고(Integrative Thinking)를 요구하고 있다. 일반적으로 변화의 속도가 빠르면 대응도 빠르고 대담해져야 한다. 실패 가능성과 위험적 요소도 있지만 도태되지 않으려면 실패와 위험을 성장의 경험으로 만드는 것이 궁극적으로 미래를 잘 준비하는 현명한 방법이 될 것이다. 특히, 축제는 구성원들의 여러 가지 이해관계와 그들의 생각이 바뀌지 않은 상황에서 초월성 축제로의 전환을 시도할 것이므로 통합적 사고를 하는데에는 많은 저항이 있을 것이다.

코로나19 상황 속에서 축제 전환을 가장 먼저 시도한 그룹은 전문가도 지역 주민도 아닌 공무원이었다. 행정에서 가장 발 빠르게 움직인 것이다. 하지만 사고 체계에 통합성이 없고, 선택적 사고에 대한 축제 운영

한계성을 진단하지 않고, 모두가 성과만을 이야기 하고 있다. 그리고 온라인 축제는 대부분 축제 평가를 실시하지 않았다. 비대면 축제라고 해서 축제 평가를 실시하지 않는 것은 이해되지 않는 측면이 있다.

이제 축제 전문가를 인지하는 개념 또한 전환되어야 한다. 실재성 축제 시대 전문가들은 축제를 바라보는 사고의 혁신적 전환과 학습을 해야 한다. 그렇지 않으면 뉴노멀과 초월성 축제 시대에 전문가로 인정받기 어려울 것이다.

초월성 축제 시대는 전문가들에게 통합적 사고를 요구하고 있다. 축제 이론과 기획력을 넘어서 새로운 축제 시대를 열기 위해서는 IT 정보기술, 건축학의 공간, 행정학의 조직, 경영학의 마케팅, 시각디자인, 게임 디자인 등 다학제적 접근(Multidisciplinary Approach)을 이끌어 갈 수 있고, 통합적 사고와 분석을 할 수 있는 전문가가 필요하다. 현재 다학제적 접근은 의료분야에서 가장 활발히 진행되고 있다. 환자의 질환에 관련 있는 각 분야의 의사들이 함께 모여 진단과 치료 방법을 논의하고 있으며, 이러한 협진 시스템은 환자중심 진료에 성과를 나타내고 있다.

실재성 축제 시대 대한민국 축제 전문가들은 문화나 관광 분야의 학자 그룹, 행정, 이벤트사를 통해 축제 경험을 만들어 대부분 전문가가 되었다. 그러나 여가시대 전통사회 축제의 재해석과 현대사회 축제의 새로운 진단 패러다임이 부족하였기 때문에 축제의 변화와 혁신을 이끌어

가기 위한 논리성과 새로운 방향성 제시가 미흡했다. 따라서 초월성 축제 시대에는 축제의 미래적 가치와 방향성을 제시해 줄 수 있는 학문과 현장을 통합적 사고에서 바라보는 축제 전문가 그룹이 탄생되고, 양성되어져야 한다.

8) 공유성(共有性)

치유성은 인간과 공동체 사회가 축제를 통해 구조적으로 가지고 있는 결핍을 스스로가 뱉어내는 배출로 인해 얻게 되는 회복의 축제 특성이다. 신과 인간의 관계 회복, 인간과 사회의 공동체 회복, 인간과 인간의 감정 회복, 인간의 정신 및 신체적 고통의 회복은 축제가 인간과 사회에 주는 치유의 기능이다. 이러한 축제의 치유적 특성은 인간이 축제에 참여하게 되는 이유와 즐기는 방법 그리고 시대적 결핍을 발견하게 해 준다.

전통사회 축제에서 개인의 자유와 해방감은 종교적 제의에 의존한 공동체적 참여 의식이 축제를 통해 공동체 놀이와 이어지면서 일탈과 유희를 통해 느낄 수 있었다. 현대사회 축제는 개인 차원의 참여와 그 속에서의 축제 체험이 일상을 벗어나는 일탈적 여가 경험을 만들어 유희를 느끼도록 한다. 최근 축제는 도시의 문제, 농촌의 붕괴, 업무 및 육아 스트레스, 문화재 비대중화 등 다양한 결핍을 축제로 풀어내고 있다. 그리고 현대사회 축제는 다른 어떤 특성보다도 치유성이 강조되고 있다.

그림 20 필리핀, 블랙 나자렌 축제(Feast of the Black Nazarene)

팬데믹으로 인류는 미래 사회에 대한 두려움을 인식하고, 지나온 시간을 반성하는 시간을 갖고 있다. 그래서 뉴노멀 사회에 우리가 어떠한 가치를 중심에 두고, 어떻게 살아야 하는지를 이야기하고 있다.

팬데믹으로 인해 축제가 개최되지 못하는 것에 대하여 해결 방안을 모색하기 위해서는 '뉴노멀 사회에서 축제의 가치와 역할은 무엇인가?'에 대한 사색을 먼저 해야 한다. 초월성 축제는 실재성 축제의 철학적 고찰을 통해 초월성 축제의 개념과 등장 필요성을 이야기하였다. 그리고 실재성 축제 세계관과 특성을 재해석해 초월성 축제의 세계관과 특성으로 정리하였다.

초월성 축제는 팬데믹으로 인해 오프라인 축제 개최가 힘들다는 이유만으로 온라인과의 통합성을 이야기하는 것이 아니다. 현대사회 축제에 대한 문제 인식 속에서 4차 산업혁명과 디지털 기술로 도래할 뉴노멀 사회 축제를 통찰해 이야기 하는 것이다. 그래서 포스트 코로나 시대 축제가 나아갈 패러다임과 방향성을 새롭게 제시하였다.

초월성 축제의 가치도 지역 사회를 넘어 온라인과 오프라인 참가자를 통해 세계적으로 공유되고, 이 공유 가치는 지역사회와 인류를 위한 치유가 될 것이다. 이것은 축제와 참가자 그리고 지역과 인류가 모두 상생하는 가치 창출을 의미한다. 그래서 실재성 축제의 치유성을 초월성 축제에서 공유성으로 재해석하고자 한다. 공유란 혼자 가지는 것이 아닌 함께 소유하는 개념이다. 실재성 축제에서 관 주도에 의해 주민이 소외되고, 지역 이해 관계에 행정과 주민, 주민과 주민 간의 갈등이 있는 이유는 공동의 선을 실현하기 위한 가치가 배제되고, 축제를 통한 경제적 가치 창출에만 집중했기 때문이다.

초월성 축제는 로컬의 가치와 행복을 실천하는 플랫폼이 되어야 한다. 나아가 지역을 넘어서 세계인들이 공유할 수 있도록 해야 한다. 뉴노멀 시대 초월성 축제는 사회적 가치 실현에 놀이가 접목되는 새로운 축제 개념이다. 그래서 놀이는 참가자들의 공유와 협력을 통해 자연스럽게 진화하고, 새로운 축제 문화를 구축하며, 축제 브랜딩으로 자연스럽게 연결될 것이다.

필립코틀러(Philip Kotler) 교수는 마켓 3.0에서 제품중심의 1.0시장, 소비자중심의 2.0시장, 가치주도의 3.0시장을 이야기 하였다. 2.0시대는 기업 홍보를 위해 사회 환원이나 사회적 기업의 개념을 가져갔지만, 3.0시대에는 빈곤과 빈익빈 부익부, 환경 파괴와 같은 현실적 문제를 뛰어넘을 수 있는 상품과 서비스에 고심한다는 것이다. 3.0은 개인이나 집단 간의 연결성과 상호작용성을 용이하게 해주는 뉴웨이브(New Wave) 기술, 즉, 소셜 미디어를 동력으로 개인들이 스스로를 표현하고 서로 협력하도록 돕는다고 하였다. 이에 기업은 가치를 핵심으로 더 나은 세상 만들기를 목표로 한다.[56]

초월성 축제도 오프라인과 온라인을 통한 공간의 초월이 지역과 축제로 하여금 인류의 가치를 창출시키게 할 것이다. 그래서 초월성 축제는 기업이 사회적 책임(CSR : Corporate Social Responsibility)과 공유 가치 창출(CSV : Creating Shared Value)에 노력하는 것에 주목한다. 사회적 가치를 창출하는 것이 축제의 지속가능한 성장을 창출하는 전략으로 인식해야 한다.

기업은 전통적으로 상품 판매를 통해 기업의 영리만을 추구했던 시대가 있었다. 그 결과 시장 생태계 및 환경이 파괴되었고, 실업자 등의 사회적 문제가 야기되었다. 시민, 소비자, 정부 등은 기업의 사회적 책임을 요구했고, 그 결과 기업은 그린 경영이나 기부를 통한 사회 환원 등을 실천하였다.

하지만 글로벌 환경 변화는 빈곤, 환경, 공정무역, 인권 등 기업의 공유가치 창출까지 요구하고 있다. 공유가치 창출은 기업이 추구하는 전통적 경제 가치와 사회적 가치 활동을 동시에 추구하는 것이다. 이렇게 양자의 환경 모두를 개선함으로써 기업의 가치는 효용을 극대화한다.

초월성 축제의 공유성은 축제를 통해 인류의 사회적 가치를 공유하고 실천하는 데 있다. 축제의 경제적 이익만을 생각했던 실재성 축제와는 달리 축제를 통한 사회적 가치 창출을 축제의 미션과 비전 가치로 수립하고, 축제 개최를 온라인과 오프라인으로 동시에 연결한다. 축제의 사회적 가치는 지역 주민을 포함해 세계적 참가자들과 공유되고, 직접 체험과 간접 체험 그리고 가상 체험이라는 축제 경험이 다양한 공간에서 가능하다.

축제에 참가하지 못한 사람들도 참가한 지인들을 통해 간접 체험과 그 체험의 결과까지 공유하고, 서로 도우며 초월성 축제의 연대적 힘이 발휘될 것이다. 축제는 글로벌로 자연스럽게 도약하며, 경제적 가치는 자연스럽게 따라오게 될 것이다. 이것이 초월성 축제의 공유성이며 초월성 축제의 힘이다.

초월성 축제
개념

지금까지 실재성 축제의 특성인 제의성, 전복성, 유희성, 일탈성, 집단성, 잔치성, 예술성, 치유성 8가지를 재해석하여 초월성 축제의 특성으로 공생성, 행복성, 의외성, 가상성, 연대성, 소통성, 통합성, 공유성으로 제시하였다. 정리한 내용은 <표 4>와 같다.

표 4 | 실재성 축제와 초월성 축제 특성 비교

실재성 축제	초월성 축제	초월성 축제 특성 설명
제의성	공생성	인간과 인간, 인간과 자연이 더불어 살아가는 관계 재발견과 실천
전복성	행복성	자아실현과 사회적 행복을 동시에 추구하는 상생과 행복한 사회 구축
유희성	의외성	축제 기획에 참가자를 참여시켜 현장에서 참가자가 기획을 완성
일탈성	가상성	O2O 플랫폼에 가상공간을 창출시켜 참가자와 축제를 연결하고, 디지로그 경험
집단성	연대성	인류와 사회가 O2O 플랫폼을 통해 축제와 관계를 맺어 연대하고 실천
잔치성	소통성	O2O 플랫폼에서 상호작용을 원활하게 할 수 있는 환경과 서비스를 구축
예술성	통합성	주최측과 참가자가 축제를 통해 인류와 사회를 바라볼 수 있도록 하는 창조적 연결
치유성	공유성	로컬의 가치와 행복이 지역을 넘어 세계인들이 함께 소유

결국, 디지털과 4차 산업혁명으로 전환되는 뉴노멀 시대에 인류가 공생성과 행복성을 추구하는 축제로 패러다임을 전환하기 위해서는 O2O 축제 플랫폼을 구축하고 지역이 통합성과 공유성의 가치를 발견해 글로컬로 나아가야 하며 온라인과 오프라인의 융합이 참가자들에게는 가상성, 소통성, 연대성 그리고 의외성이라는 새로운 축제 문화를 경험하도록 하는 것이 초월성 축제이다.

2부

초월성 축제 전환

팬데믹과 축제 혼돈
팬데믹 - 축제를 뒤흔들다

코로나19로 무너진 축제

2020년 대한민국 축제는 겨울 축제인 평창송어축제, 화천산천어축제, 인제빙어축제 등 겨울철 얼음낚시축제 개막을 시작으로 출발하였다. 하지만 영상의 기온과 겨울비 등 이상 기후로 인해 겨울 축제들 모두 계획했던 개막일에 개최되지 못하고, 연기 후 짧은 기간 동안 개최되었으며, 심각한 적자로 마무리되었다. 이러한 이상기온 현상은 2020년 뿐만 아니라 최근 몇 년간 지속하고 있으며, 겨울 축제의 메카인 강원도는 일찍부터 지구온난화에 대한 대처방안을 모색하고 있다.

　　화천 산천어축제의 경우는 이상기온만이 아닌 동물보호단체로부터 동물보호법 위반 혐의로 고발되고, 국민들의 비난을 받는 축제의 모습을 보였다. 검찰은 각하 결정을 내렸지만, 국민들에게는 축제의 부정적 이미지를 심어주는 계기가 되었다. 2020년 대한민국 겨울 축제의 모습 속에서 인간과 자연과의 관계가 그동안 어떻게 이루어졌는지를 살펴볼 수 있게 해주는 단상을 찾아볼 수 있다.

　　2020년 대한민국 겨울 축제는 그렇게 힘들게 시작되고 마무리되

그림 21 2020 화천산천어축제 휴장과 동물학대 기자 회견

었다. 이상기온 속에 겨울 축제가 힘들게 개최되는 상황 속에서 국내에는 1월 20일 코로나19 첫 확진자가 나왔다. 해외를 다녀온 확진자를 중심으로 1월 31일까지 11명의 확진자가 발생하였다. 지금까지 2002년 사스, 2009년 신종플루, 2012년 메르스 등의 경험치를 통해 우리는 코로나19를 대수롭지 않게 생각하였다.

다행히, 겨울 축제를 마친 상황에서 봄 축제가 개최될 4-5월 전에는 지나갈 것이라고 생각했었다. 국무총리도 과도한 코로나 불안감으로 경제가 위축되어선 안된다고 하였고, 중앙사고수습본부에서도 방역조치를 병행하면 행사·축제·시험 등을 연기할 필요가 없다며 각종 행사를 추진할 것을 권고하였다.

하지만 신천지 사태로 인해 대구 지역에서 집단 감염이 확산되면서 2월 24일 대구는 특별 방역지역 선포와 함께 2월 29일에는 하루 741명 추가 확진자가 나타났다. 대구 지역에서만 총 2,055명의 누적 확진자가 발생해 정점을 찍는 상황이 발생하였다. 대한민국은 세계로부터 입국 거부 국가가 되었으며, 코로나19는 미국과 유럽에서 수많은 사망자를 냈다. 인류는 팬데믹에 맞서 힘쓸 겨를도 없이 무너지고 말았다.

봄 축제의 중심을 이루는 꽃 축제들은 거의 취소되었으며, 소재가 꽃이 아닌 일부 축제들은 축제 개최를 연기하였다. 대한민국은 정부와 의료진을 중심으로 코로나19에 신속하게 대응했으며, 전쟁과도 같은 2월과 3월 한 달을 보내고, 4월부터는 국내 확진자가 10명 이하로 내려가며 안정화되는 듯 보였다.

다시 대한민국의 축제는 여름 축제로 관심이 모아졌으며, 연기했던 봄 축제들은 6월 개최에 희망을 품고 서로가 개최 결정에 눈치 보고 있었다. 코로나 종식에 대한 기대가 높아지며 강력한 사회적 거리 두기에서 완화된 생활 속 거리 두기로 전환된 5월 초는 희망의 달이었다.

전 세계에서는 코로나19의 초기 대처에 대한 대한민국의 의료체계와 방역시스템에 관심과 칭찬이 이어지고 있었다. 하지만, 5월 중순 이태원 클럽에서 집단감염이 발생되자, 전국단위에서 확진자가 발생되었다.

신천지로 인한 대구사태보다 더욱 심각한 상황에 직면하게 된 것이다. 당시 클럽에서 1차 감염된 인원만 전국 8개 시도(서울, 부산, 인천, 경기, 강원, 충북, 전북, 제주) 96명에 달했기 때문이다.

결국 여름 축제까지 취소되는 상황이 발생되었으며, 연기한 봄 축제는 무기한 연장하게 되었다. 이것은 사회에서 축제를 바라보는 시각이 이태원 클럽 개념으로 보고 있었기 때문이다. 하지만 가을 축제들은 여름을 보내면 코로나19 상황이 정리될 것이라 기대하며, 축제 준비를 시도하고 있었다. 총감독을 하고 있던 제45회 정선아리랑제도 9월 17일 ~ 20일 개최를 향해 준비하고 있었다.

"방역조치 병행하면 행사·축제·시험 등 연기할 필요 없어"

노인·임산부 등 취약계층 대상 밀폐·협소 공간 행사는 축소·연기 권고
중국발 입국자 '자가진단 앱' 통해 사후관리 강화…매일 모니터링

보건복지부 2020.02.12

정부가 '코로나바이러스감염증-19'(이하 코로나19)와 관련, 대규모 행사 등 집단행사 개최시 참고할 수 있는 권고지침을 마련해 12일부터 시행한다.

또 12일 0시부터 특별입국절차 적용지역에 홍콩과 마카오를 포함하고, 특별입국절차 과정에 '자가진단 앱(App)'을 설치하도록 해 사후관리를 강화한다.

한편 코로나19로 인해 단체헌혈이 취소되고 개인헌혈도 감소 중이라며 향후 혈액의 수급 악화를 우려해 공공기관과 단체, 개인 등에 헌혈 독려를 요청했다.

중앙사고수습본부(이하 '중수본')는 12일 오전 정례 브리핑에서 이 같이 밝혔다.

김강립 중앙사고수습본부 부본부장(보건복지부 차관, 오른쪽)이 12일 오전 세종시 정부세종청사에서 브리핑을 마친 뒤 취재진의 질문에 답변하고 있다. (사진=저작권자(c) 연합뉴스, 무단 전재-재배포 금지)

중수본은 3차 우한 국민 이송 진행 상황에 대해 11일 밤 8시 39분 인천공항에서 출발한 임시항공편은 12일 오전 6시 23분 김포공항에 도착해 우리 국민과 그 배우자 및 직계가족 외국인 147명을 이송했다고 발표했다.

우한 국민과 그 가족들은 중국 출국 전과 탑승 전, 국내 입국 시 등 3차례에 걸쳐 검역을 거쳤다. 이중 발열이나 호흡기 증상이 발생한 유증상자는 국립중앙의료원으로 이송되었고, 증상이 없는 140명만 14일간 임시생활시설인 국방어학원에 입소해 다시 진단검사를 실시하게 된다.

중수본은 검역에 세심한 주의를 기울이고 철저히 방역조치 할 계획이라며, 입국 국민과 가족의 인권 및 사생활이 침해되지 않도록 취재와 보도에 신중해 줄 것을 당부했다.

한편 대규모 행사나 축제, 시험과 같은 집단행사를 개최할 때 주최기관과 보건당국이 참고할 수 있는 권고지침을 마련해 12일부터 시행한다고 밝혔다.

중수본은 행사개최 시 필요한 방역조치나 행사를 연기해야 하는지 등에 대한 민간과 공공부문의 문의가 많아 참고할 수 있는 지침을 만들게 되었다고 말했다.

이 지침에 따르면 주최기관이 집단행사를 전면적으로 연기하거나 취소할 필요성은 낮으며, 코로나19 예방을 위한 방역적 조치를 충분히 병행하며 각종 행사를 추진할 것을 권고했다.

또한 주최기관에게 ▲보건소와 협조체계를 구축해 사전 안내 및 직원교육 등을 철저히 하고 ▲참가자가 밀접 접촉하여 호흡기 전파가 가능한 프로그램은 제외하고 ▲만약을 대비한 격리공간을 확보하는 등의 조치와 함께 ▲집단행사장소의 밀집 및 감염 우려를 낮추기 위한 조치 등을 시행할 것을 권고했다.

다만, 방역 조치가 곤란한 여건에서 노인, 임산부 등 취약계층을 대상으로 밀폐되고 협소한 공간에 집결하는 행사는 대상자를 축소하거나 연기하도록 권고했다.

아울러 행안부 대책지원본부는 정부와 지자체가 주최하는 행사에 대해서도 코로나19의 지역사회 확산을 방지하면서 경제 활성화도 고려해 철저한 방역조치를 마련한 후 시행하도록 별도의 운영지침을 배포·시행했다.

[출처] 대한민국 정책브리핑(www.korea.kr)

8월을 맞이하며 코로나19 신규확진자수는 국내 확진자보다 해외 유입에 의한 확진자가 더 많이 발생되었으며, 가을 축제 개최에 대한 희망을 가지게 되었다. 정부에서는 코로나19 장기화로 인한 국민들의 높은 피로감과 어려운 경제상황을 고려해 8월 17일을 임시공휴일로 지정했다. 8월 15일 광복절과 함께 3일간의 황금연휴가 실시되었다. 그런데 서울에서 8월 15일 광화문 집회 관련 집단감염이 발생되었다. 사랑제일교회 신도를 비롯해 전국에서 모인 집회 참가자들이 지역 감염을 일으킨 것이었다.

원주도 기존과는 다른 상황이 발생하는 것을 목격하였다. 1주일 사이에 40여 명이 넘는 코로나19 확진자가 발생했으며, 강원도 코로나19 확진자의 절반을 원주시가 기록하게 되었다. 시민들은 가족의 생활권 내에서 확진자가 발생하면서 혼란에 빠지는 모습을 보였다. 갑자기 도시는 음산해졌으며, 서로가 서로를 경계하고, 의심과 부정의 가짜뉴스가 생겨났다.

그림 22　이태원 클럽 및 8.15 광화문 집회

행정에서는 규정대로 확진자 동선에서 사업장에 대한 정보 공개를 하지 않았고, 시민들은 행정에 대한 불신과 불만이 가득했다. 2월 대구가 아비규환이었다는 것을 실감할 수 있었다. 9월 8일 ~ 13일까지 축소 개념으로 개최하기로 한 원주 다이내믹댄싱카니발을 비롯해 원주의 가을 축제는 원주 한지문화제만 온라인 개최를 진행하고, 모두가 취소되었다. 정선 아리랑제 또한 코로나19에 전국 재확산과 사회적 거리두기 2단계로 격상되면서 안전과 확산 방지를 위해 취소되었다.

원주뿐만 아니라 전국적으로 가을 축제가 취소되는 국면을 맞이하게 된 것이다. 봄에 연기했던 축제들은 더 이상 물러설 곳이 없게 되었으며, 이에 봄과 여름 대비 가을은 비대면 온라인 축제 개최가 상대적으로 증가하였다. 결국, 2020년 대한민국 축제는 대부분 취소라는 초유의 상황에 직면하게 되었다.

이런 상황에서 2020년 축제들의 취소사태는 2021년 예산 편성과 심의가 어떻게 이루어져야 하는지, 지자체마다 혼란스러웠다. 광역이나 중앙정부에서는 2020년 축제 예산을 반납하지 말고, 자체적으로 활용하라고 하였고, 우리는 막연하게 버티며 기다리는 것만이 능사가 아니라는 것을 뒤늦게 깨닫게 되었다. 그런데 더욱 안타까운 사실은 화천 산천어축제를 비롯해 평창 송어축제, 평창 대관령눈꽃축제, 태백 태백산눈축제, 인제 빙어축제 등 2021년 겨울 축제까지 취소 결정이 내려졌다는 것이다. 감염병 전문가들은 백신이 개발되어도 2021년 가을까지는 코로나가 끝나지 않을 것으로 예견하고 있다. 2021년 부터는 축제 개최를 위해 무언가 다른 접근과 시도가 이루어져야 한다는 보다 구체적인 혼돈이 시작된 것이다.

위드 코로나 시대
축제 그림자

2020년 5월 이태원 클럽에서 코로나19 집단감염이 있은 후, 우리 사회는 축제를 이태원 클럽과 동일시하였다. 실내·외 구분이 명확했지만 다수가 모인다는 밀집과 모여서 논다는 밀접의 유희가 동일한 개념으로 인식하게 한 것이다. 지금까지 축제는 의도적으로 사람을 밀집시켰다. 그런데 사람을 모으는 기획이 코로나19 시대에는 부정적 인식을 강하게 만들었다. 전통시장과 지하철의 밀집은 허용되었지만, 축제의 밀집은 차단되었고, 축제는 취소나 비대면 개최로 운영되었다.

코로나19 이후 우리 사회는 상반기와 하반기가 전혀 달랐다. 상반기만해도 마스크 쓰기가 일반화되지 않았다. 대구경북과 수도권에 집중적으로 확진자가 발생하자 그 외 다른 지역에서는 마스크를 쓰는 것에 대해 경각심을 갖지 않았던 것이다. 하지만 8.15 광화문 집회 이후부터는 거리두기 2.5단계가 실시되면서 전국에서 마스크 쓰기가 일반화되었다. 어린이집에서 아이들도 농구장의 청소년들도 마스크를 쓰고 활동하고 있다. 이제 실내·외 구분 없이 전국민 마스크 착용은 일상화되었다. 거리두기 3단계를 막기 위한 사회적 동참과 국민 모두의 노력이 위드 코로나 시대 새로운 일상과 문화를 경험시키고 있는 것이다.

2021년까지 계속해서 위드 코로나 시대가 이어지며 우리는 2년 동안 코로나와 함께 새로운 일상을 적응하며 살고 있다. 그리고 이후 포스트 코로나 시대가 열리면 우리는 마스크를 벗을 수는 있겠지만 언제 다시 마스크를 쓰게 될지, 이름 모를 새로운 질병의 존재를 막연하게 두려워하면서 일상을 살아갈 것이다. 질병 전문가들은 앞으로 코로나19 이후 새로운 질병이 끊임없이 발생될 것으로 예고하고 있다. 이에 야생동물 관리 방향을 비롯해 신종 감염병에 대응하는 것이 새로운 화두가 되고 있다.

대한민국은 2020년 9월 질병관리본부를 질병관리청으로 승격시켰다. 신종 감염병은 단순히 건강 문제가 아닌 사회 안전과 국가 안보를 위협하는 사회, 경제적 문제로 인식되었기 때문이다.

이에 질병관리청은 신종 감염병에 대한 효율적인 대응을 위해 감염병 관리체계 통합과 추진체계를 강화시키는데 큰 역할을 담당할 것이다. 결국 코로나19가 사라지더라도 코로나19 이전의 일상을 경험하지 못할 것이라는 생각을 하게 된다. 그래서 우리 사회는 포스트 코로나 또는 뉴노멀을 이야기 하고 있다.

우리는 시간의 축에서 축제가 위드 코로나만을 바라보는 것을 경계해야 한다. 즉, 위드 코로나 시대 축제의 그림자를 바라볼 수 있어야 한다. 팬데믹과 축제 취소에 대한 초유의 상황 속에서 코로나19 이후 다른 종류의 팬데믹이 우리에게 또 다시 찾아올 수 있는 뉴노멀 사회에서의 축제상을 준비하지 못한다면 축제는 또 다시 멈출 수 밖에 없다. 그러므로 일단, '어쩔 수 없다.'며 막연히 기다리는 버티기 패러다임과 '어떻게 해서든지 개최하자'는 응급처치식 방법 모색은 위드 코로나 시대 진정한 해결 방안이 아니다.

초월성 축제에서 포스트 코로나와 뉴노멀 사회를 이야기하는 것을 먼 미래의 이야기로 치부해서는 안되며 위드 코로나 시대 축제 개최를 위한 해결 방안 모색에는 초월성 축제가 함께 고민되어야만 한다. 즉, 실재성 축제의 체질 개선을 위한 본질에 대한 재해석과 미래 사회를 바라보는 단계적 접근과 노력을 별개로 인식하는 것은 위험한 사고이다.

위드 코로나 시대에는 관 주도, 성과주의, 행정 마인드, 마케팅 등 실재성 축제 패러다임을 벗어나기 위한 다양한 시도가 있어야 한다. 각 지자체에서는 현 상황을 모면하기 위한 방안이 아닌 새롭게 도래할 축제 전환을 적극적으로 준비해야 한다. 2021년 축제를 대면과 비대면

투 트랙으로 준비하여 상황에 따른 선택적 개최를 하겠다는 접근방식은 팬데믹과 축제의 현실을 제대로 직시하지 못하고 있는 것이다. 결국 온라인과 오프라인을 동시에 운영하는 것을 준비해야 하며, 온라인 등 비대면 공간과 운영시스템 구축에 예산을 집중적으로 투자하고, 오프라인을 축소해 초월성 축제로 전환하는 것에 반응과 경험치를 쌓겠다는 마인드가 반영되어야 한다.

지역에서는 비대면 온라인 축제 개최에 대해 퍼주기식 아니냐는 문제가 제기되고 있으며, 온라인 개최 시는 예산을 줄이겠다는 생각이 지배적이다. 축제 현장에서는 이벤트 업체와 예술가들이 축제 미개최로 인해 설 자리를 잃었으며, 지역경제는 위축되었다. 이로 인한 고통의 시간을 많은 축제인들과 지역 주민들이 경험하고 있다.

정부는 축제를 산업으로 바라보지 않는다. 그리고 축제는 중앙정부나 광역 차원에서 접근해야 할 대상이 아니라는 생각이 지배적이다. 기초자치단체에서 알아서 고민해야 할 대상으로 인식하고 있기 때문에 축제는 재난지원금 대상에서도 제외된 것이다. 대부분의 지역사회는 축제를 상황이 발생하면 취소해도 되는 대상으로 인식하고 있다.

축제 전문가들의 진정한 가치는 위드 코로나와 같은 현 상황에서 나타나야 하는데 그렇지 못하고 있다. 2020년 1년 동안 축제가 멈추지 않고, 계속 가야만 하는 이유와 그 방법에 대한 근본적인 제시를 하지 못했다. 무수한 담론들만 생산해내고 있으며 그 핵심은 겉돌고 있다.

    이 책을 쓰게 된 동기도 바로 여기에 있다. 현재의 멈춤을 기존과는 달리 축제 전환의 패러다임에서 바라봐야 한다는 사실을 인식했기 때문이다. 학자, 현장가, 지역 주민, 행정은 각각의 자리에서 새로운 축제 패러다임의 혜안을 갖고자 다함께 노력하고 지혜를 모아야 한다. 그런데 현재의 상황에서 축제 전문가, 행정, 지역주민과 지역사회 축제 관계자들은 축제 취소에 대해 문제 인식만 가질 뿐 축제가 시대 전환을 위해 무엇을 준비해야 하는가에 대한 근본적인 해결 방법론에는 접근하지 못하고 있다.

    전문가들의 성찰되지 못한 편협한 생각의 전파는 지역과 축제를 실패자로 만든다. 행정은 실재성 축제의 패러다임에 사로잡혀 아직까지도 조회수로 축제 성과를 과장하고, 비대면 축제의 한계를 직시하지 못하는 오류를 범해서는 안된다. 지역 주민과 실무자들은 지역을 지키는 것과 더불어 축제 미개최로 인해 지역과 주민들이 잃게 되는 것들의 가치를 함께 생각해야 한다.

    위드 코로나 시대 축제는 개최되어야 하며 축제 개최 방향성은 뉴노멀을 대비하고, 대응하기 위한 경험 구축의 전략적 시간으로 바라볼 수 있어야 한다. 코로나19 이후 또 다른 질병이 온다고 해서 축제를 다시 취소하고, 멈출 수는 없다. 만약, 위드 코로나만을 바라본다면 지역 관광에 있어 축제의 역할과 기능은 약화되거나 사라질지도 모른다. 이 부분이 바로 축제인들이 바라봐야 하는 문제 인식의 시작점이다.

즉, 위드 코로나 시대의 축제 그림자를 바라볼 수 있어야 코로나19 이전처럼 축제를 계속할 수 있다. 현재 대한민국 축제는 팬데믹과 함께 혼돈 속에 있다. 축제를 바라보는 입장과 상황은 다르지만, 우리는 이 혼돈을 질서로 전환시켜야 하는 시대적 사명을 가지고 있다. 하지만, 마땅한 방향성을 찾지 못하고 있다.

그런 혼돈을 종식시킬 논쟁의 주제가 바로 초월성 축제이며, 우리는 이 책을 통해 뉴노멀 시대 멈추지 않는 축제와 새로운 축제 질서에 대해 담론을 시작해야만 한다.

포스트 코로나 시대
축제 혼돈

만약, 2021년 가을 코로나19가 종식되어 포스트 코로나 시대가 열린다고 했을 때 우리에게는 새로운 혼돈이 찾아 올 것이다.

코로나19 이전과 이후 사이에서 우리가 어떠한 방식의 삶을 선택할 것인지에 대한 선택의 순간이 찾아오기 때문이다.

전환 시대에는 기업과 사회가 뉴노멀 사회를 이끌어가게 될 것이다. 개인들은 아무 일 없었던 것처럼 잃어버린 시대의 삶을 즐길 수도 있고, 뉴노멀 사회에 적응하고자 생각의 전환과 삶의 전환을 동시에 노력하며, 속도를 낼 수도 있다. 결국, 선택은 자유지만, 뉴노멀 사회는 위드 코로나 시대의 라이프 스타일을 계속 추구하려 할 것이다. 그래서 혹자는 포스트 코로나가 아닌 위드 코로나 시대라고 이야기하고 있다. 코로나19는 백신 개발과 함께 감기처럼 사라지는 것이 아니라 계속 함께하는 시대라는 것이다. 그러나 코로나19가 종식된 의미적 맥락에서 보면 포스트 코로나 시대 즉, 뉴노멀 사회가 맞다.

그럼, 축제는 어떠한 선택을 해야 할까? 위드 코로나 시대 축제 그림자에서도 이야기한 것처럼 2020년 대한민국 축제를 살펴보면 대응의 방식이 실재성 축제 시대 패러다임인 것을 알 수 있다. 결국, 포스트 코로나 시대가 찾아오면 코로나 시대가 언제 있었냐는 듯 실재성 축제로 다시 회귀하려는 축제와 뉴노멀 사회를 바라보고 체질 개선을 시도하려는 초월성 축제 사이에서 축제는 다시 혼돈을 겪게 될 것이다.

코로나 시대 축제의 1차 혼돈은 코로나19 발생과 함께 축제 개최 여부와 운영 방식 모색에 대해 혼돈을 겪는 위드 코로나 시대였다면, 2차 혼돈은 코로나19가 종식된 포스트 코로나 시대에 축제의 지속가능한 개최를 놓고 초월성 축제로의 전환과 실재성 축제와의 가치관 충돌이 될 것이다. 그렇기 때문에 위드 코로나 시대 우리는 축제 그림자를 볼 수 있어야 하며, 축제 기획과 운영의 근본적 패러다임을 초월성 축제로 보아야 한다.

포스트 코로나 시대 축제 가치관의 충돌은 지역을 중심으로 이루어질 것이며, 행정과 지역 주민 사이에서 발생할 것이다. 그래서 행정은 위드 코로나 시대부터 시대 전환을 읽고 초월성 축제로의 전환을 혁신적으로 실시해야 한다.

하지만, 전환의 패러다임이 갖춰지지 않은 지역 주민을 상대로 한 축제 혁신은 매우 난항을 겪을 것으로 예상된다. '새로운 질병이 오면 그때의 축제 개최만 취소하면 될 텐데, 기존에 해왔던 축제 운영 방식을 왜 바꾸려 하는가?' 등 많은 공격을 받을 것이다. 전문가들 사이에서도 축제성을 놓고 의견이 분분할 것이다. 이에 초월성 축제에서는 실재성 축제의 특성을 재해석하여 초월성 축제의 특성으로 정리하였다.

전통사회 축제 패러다임에서 우리는 현대사회에서 개최되고 운영되는 축제를 비판하고, 부정적으로 생각하는 견해가 있었다. 하지만, 전통사회 축제 패러다임과 현대사회 축제 패러다임 사이에서 충돌은 생각보다 크지 않았다. 축제를 통한 관광산업 육성과 경제적 효과 창출 때문에 민간차원의 충돌은 없었다. 축제 예산을 집행하는 행정의 의지가 모든 것을 가능하게 하였다. 그리고 문화관광축제의 성장과 성과가 전국적으로 현대사회 축제 패러다임을 받아들이게 하였다.

하지만 문화관광축제 30년을 향해 가고 있는 시점에서 지금까지 끌고 왔던 축제 운영 패러다임은 한계에 봉착했다. 우리는 지금의 축제가 한계에 봉착했다는 사실에 주목할 필요가 있다. 그래서 문화체육관광부도 2018년부터 2019년까지 2년 동안 축제 제도 개선 연구를 했고, 2020년부터 축제 선정과 평가 방식 등의 제도 개선을 시행하고 있다.

초월성 축제는 축제 지속 가능성 전략과 축제의 사회적 가치 그리고 민관 거버넌스 구축과 민간의 축제 역량 강화 등 실재성 축제의 운영 방식과 사고 전환을 앞당기는 계기와 기회적 관점에서 바라보아야 한다. 이러한 패러다임은 축제만이 아닌 우리 사회 전반에 적용된다.

우리는 그동안 축제의 시대적 가치를 해석하고, 인간과의 공존에 대한 방법을 모색하는 것을 등한시했다. 인간을 위해 축제를 이용하려고만 한 것이다. 이것이 현대사회 축제의 자화상이다. 지역을 위해 주민은 이용되고 희생된 측면이 있었으며, 주민은 축제를 이해관계의 가치로만 바라보며 무언가 얻어 내려고만 하였다. 단체장은 축제를 치적이나 선거로 연결해 정치적으로 이용하였다. 축제를 이용하려는 이해관계의 복합적 구조가 축제를 지탱시킨 긍정적인 면도 있겠지만 본질적으로는 오늘날 축제의 한계를 만들게 된 근본 원인이다.

이러한 시점에서 코로나19는 일단 축제를 멈추게 하였다. 혜민 스님[57]은 '멈추면 비로소 보이는 것들'에서 내가 살기 위해서, 내 삶을 살아야 하기에, 나도 행복할 권리가 있기 때문에 용서해야 한다고 하였다. 그리고 자기 기준 속으로 집어넣으려고 하는 것에서 화가 일어나고, 서로 원수지는 것이기 때문에 자기 기준을 부숴버리는 것과 자기 참회가 있어야 한다고 하였다. 코로나19로 멈추게 된 축제 상황에서 우리는 과연 무엇을 보고 있는가?

인류가 살아가기 위해서 축제는 개최되어야 하지만 경제적 생존만을 위해서 축제가 개최되어야 한다는 것은 설득력이 약하다. 축제 미개최로 인해 이벤트 업체와 예술가들이 어려워지고 지역 경제는 힘들어졌지만, 경제적 가치보다 더 중요한 것은 잃어버린 일상과 행복의 가치를 찾는 것이다. 그리고 이것이 문화로서 축제의 역할이다. 현재 '코로나 블루'라는 신조어가 만들어질 만큼 대한민국 국민 모두는 우울과 불안을 경험하며 지쳐가고 있다. 그 어느 때 보다 국민을 위로할 축제의 역할이 커졌음에도 위기 상황을 모면하기 위한 아우성과 담론만이 있었다. 우리는 축제의 시대적 가치를 보지 못했고, 축제 스스로가 살기 위해 무엇을 참회하고, 어떠한 기준을 부숴야 하는지에 대한 고민은 없었다.

위드 코로나 시대 축제는 멈출 수밖에 없었다. 하지만 우리는 위기의 이 시간들을 기회의 시간으로 만들어야 한다. 멈춘 것에 대한 불만을 가지고 코로나19가 사라질 때까지 마냥 기다리는 것이 아니라 축제가 멈춘 것을 바라보는 것에 대한 성찰이 있어야 하며, 이러한 성찰을 통해 축제 쇄신을 함께 모색해야 한다.

초월성 축제는 그러한 성찰에 대한 답이다. 과거 축제는 종교와 제의의 전통적 축제에서 여가와 유희의 현대적 축제로 시대적 전환을 하였다. 이제는 코로나19를 계기로 또다시 뉴노멀 사회라는 새로운 시대 축제 전환이 예견되고 있다.

포스트 코로나 시대 축제는 공간의 초월이 윤리, 연결, 시민의 초월을 발생시킬 것으로 바라보고 있다. 이에 뉴노멀 사회에서 축제의 시대적 가치를 어떻게 해석하고, 전개해야 할지에 대한 시대적 고찰이 있어야 할 것이다. 그리고 그 과정에서는 실재성 축제와 초월성 축제와의 가치관 충돌이 빈번히 발생할 것이며, 실재성 축제 시대의 패러다임을 부수려는 노력부터 선행되어야 할 것이다.

초월성 축제를 놓고 전문가들 담론의 장이 각 축제마다 있어야 한다. 기존의 축제를 어떻게 전환할 것인가에 대한 새로운 계획과 전략이 수립돼야 한다. 지역 주민에 대한 설득과 공감을 통하여 뉴노멀 사회와 초월성 축제에 대해 사고 전환이 이루어져야 한다. 축제 아카데미와 선진지 견학 등이 활발히 이루어지도록 하여 주민들이 축제의 주도권을 가질 수 있는 환경도 조성되어야 한다.

플랫폼을 지향하는 초월성 축제를 중심으로 새로운 축제 생태계를 조성시키려는 노력이 전문가, 행정, 지역 주민 참여구조 속에서 이루어져야 한다. 다 함께 축제 체질을 개선해 지속가능한 성장과 발전의 축을 만들어 내도록 해야 한다.

기존 실재성 축제에서는 행정과 전문가 중심에서 모든 판이 짜였 지만, 초월성 축제에서는 주민의 의식과 역량을 강화하면서 행정 및 전문가와 함께 트라이앵글 구조 속에서 이루어지는 담론이 매우 중요한 의미를 가진다. 그리고 그 자리에는 관광객도 축제시민으로 참여할 수 있어야 한다. 결국 행정, 전문가, 지역 주민, 관광객이 함께하는 구조가 필요한 것이다.

초월성 축제는 축제의 사회적 가치를 통해 자연스럽게 경제적 가치를 창출시키는 브랜드 전략이다. 그 중심에는 주민과 시민사회가 축제 속으로 들어오는 플랫폼을 구축시켜야 한다. 지역사회를 중심으로 구축된 축제 플랫폼은 랜선을 타고 전 세계로 연결되어 축제 글로벌을 이끌어 내야 할 것이다.

비대면 축제의 등장
O2O 플랫폼으로 온·오프라인 우주를 자유롭게 항해하다

**온라인
축제**

　　코로나19로 봄 축제의 취소 그리고 여름 축제 취소가 이어지는 가운데 6월 25일 강릉단오제는 축제 연기나 취소 없이 비대면 온라인 축제로 지정문화재를 중심으로 개최하였다. 강릉단오제는 유네스코 인류무형문화유산이자 중요무형문화재 제13호이며, 지정문화재는 신주빚기, 대관령 국사성황제, 단오굿, 제례, 관노가면극으로 정리된다. 축제 개최 장소인 남대천 둔치는 텅 비었지만, 강릉단오제의 핵심 프로그램을 실시간 중계로 진행하면서 축제를 개최하였다.

단오를 맞아 강릉단오제만이 아닌 전남 영광 법성포단오제, 경북 경산 경산자인단오제 등도 관객 없이 운영되었으며, 전국적으로 무관객으로 행사를 진행하고, 영상을 볼 수 있도록 운영하였다.

강릉단오제는 온라인 축제 개최의 장점과 한계를 동시에 보여주며, 대한민국 축제가 취소보다는 온라인으로 전환하면 된다는 축제 개최의 가능성을 열었다. 신주미 봉정릴레이를 비롯해 다양한 온라인 챌린지 프로그램을 도입해 지역사회의 온라인 개최에 대한 관심과 이목을 집중시키며, 전국적으로도 강릉단오제를 이해하는데 도움이 되는 많은 정보를 전달하였다. 단오굿 라이브, 전통연회공연, 강릉단오제 알쓸신잡, 시민참여 챌린지, 배달의 단오, 신주교환 등 16개 행사로 개최된 강릉단오제는 영산홍 노래에 맞춰 춤을 추는 영산홍 챌린지와 단오장 사진에 자신의 얼굴을 편집한 단오갈래 챌린지 영상과 사진들이 올라오면서 온라인 축제의 색다른 재미를 선사하였다.

매일 2시간씩 공식 유튜브 채널과 헬로비전 단오TV를 이용해 생방송을 진행했으며, 댓글을 달면 수리취떡과 단오주를 배달하는 '배달의 단오' 이벤트를 개최해 사업장, 학원, 가정 등 오프라인 공간을 함께 연결해 참여를 이끌었다. 하지만, 온라인 축제의 한계성으로 축제성이 표출되지 못한 것과 SNS 소외 계층의 축제 참여 개최 제한, 축제를 통한 지역경제 효과 불투명, 참가 대상의 불명확, 재미와 몰입의 저하 등이 아쉬운 점으로 남았다.

그림 23 2020 온라인 강릉단오제 주요 프로그램

강릉단오제의 온라인 개최가 갖는 성과는 공간 초월과 세계로의 연결로 보고 있으며, 강원도민일보[58] 보도자료를 보면 다음과 같다.

> 올해 강릉단오제는 무한공간인 온라인을 통해 개최되면서 전국은 물론 세계로 뻗어 나가 주목을 끌었다. 첫 시도된 신주 미 봉정 릴레이 행사에는 전국의 43개 시·군을 비롯 미국, 캐

나다, 호주 등에서 참여하면서 올해 2700여 세대가 동참, 대략 8t(100.5가마)의 쌀이 모아졌다.

단오 체험촌 프로그램으로 구성된 단오체험팩 참여자는 45%가 외지인으로, 전국 59개시, 17개군, 51개구에서 참여했다. 지난 24일 중국 방송사 CcTV에 온라인 강릉단오제가 보도되면서 글로벌 단오로의 입지를 굳혔다. 또 유튜브 등을 통한 실시간 생중계로 시민들과의 원활한 소통을 펼쳐 호평을 받았다.

강릉단오제 유튜브 구독자는 단오 기간 1400%이상 증가했고, 홈페이지 유입 수는 약 4만명, 페이지뷰는 10만회를 기록했다. 유튜브 조회 수는 5만회, SNS 게시물 도달 범위는 10만 명을 넘으며 소통의 축제임을 입증했다. 관노가면극 등 전통연희공연을 비롯한 70여개 영상이 제작됐고, 조회 수는 4만5000회를 기록했다. 단오 기간 중 실시간 중계된 단오TV와 굿라이브 채널 영상은 누적 조회 수 3만회에 이르렀다.

강릉단오제위원회 관계자는 "온라인 강릉단오제 개최를 통해 단오가 전 세계로 뻗어나갈 수 있는 통로를 마련했고, 젊은 층에 한걸음 다가가는 계기가 됐다"며 "내년 더욱 성대하고 신명나는 강릉단오제로 돌아오겠다"고 말했다.

2020 온라인 단오제는 소셜 네트워크를 이용해 챌린지 프로그램을 운영하면서 축제 개막 사전 붐업 조성과 축제 기간 지속적인 참가를 이끌어 냈다. SNS는 축제와 참가자를 연결해 상호작용하는 공간으로 의도한 것에서 의미를 찾아볼 수 있다. 하지만, 단순히 경품을 타기 위한 공간으로만 활용되거나, 축제와 참가자 그리고 참가자 간의 상호작용까지 이끌어 내지 못한 점은 아쉬움이 있다.

2020년 개최된 대한민국 온라인 축제들은 비대면을 연결하는 공간으로 체험 키트를 제작 배부해 가정과 연결시켰다. 지역에서는 주로 유아 또는 초등학생을 둔 가정에서 관심을 보였고, 주최측에서는 성과로 서버 다운과 조회수를 제시하고 있다. 하지만 제한된 수량을 선착순 무료로 집까지 배송해주는 방식과 SNS에 올리면 경품을 주는 홍보 이벤트성 프로그램 운영은 퍼주기식 축제라는 반감을 사기도 했다.

특산물 축제들은 온라인 중계에 연예인 가수 공연을 송출하면서 특산물 판매를 시도하였으며, 온라인 공연과 판매 가능성을 연 것에서 의미가 크다. 결국, 2020년 대한민국 비대면 온라인 축제의 성과는 온라인으로 공간을 연결하고, 참여를 이끌어 낼 수 있다는 새로운 가능성을 확인한 것이다.

이에 2021년부터는 온라인을 통한 축제 콘텐츠의 카타르시스와 상호작용성에 대한 도전과 경험이 본격적으로 시작되어야 하며, 포스트 코로나 이후 뉴노멀 사회에 새로운 축제 방향성을 제시해야 한다. 즉, 초월성 축제의 시대를 열어야 하는 것이다.

초월성 축제는 강릉단오제가 유튜브 채널과 헬로비전을 통해 단오TV라는 자체 채널을 구축하고 송출한 것에 주목하고 있다. 축제 소개, 공연, 경연대회, 판매 등 다양한 방식이 중계 되었는데, 축제가 전달의 매개체로서 미디어 기능을 갖는 것에 대한 의미를 잘 해석해야 한다.

초월성 축제는 미디어를 통한 가상공간의 창조가 본질이며, 그 공간은 축제를 통해 지역과 세계를 연결시키는 지역 플랫폼으로 오프라인 축제 및 관광과의 융합에 큰 의미를 두고 있다.

축제는 미디어의 정보전달 기능을 넘어 참가자와의 상호작용을 창출시키는 것이 핵심이다. 그래서 우리는 미디어의 활용성과 진화의 중심을 상호작용성에 두어야 한다. 이제 축제 방송국의 탄생과 로컬의 브랜딩 채널로 축제의 일상화가 현실화 될 수 있다는 창조적 상상을 할 수 있게 되었다.

2020년은 처음 시도한 것이기에 콘텐츠의 구성과 재미에 있어서는 관심과 몰입도를 끌어내지 못한 한계가 있지만, TV방송 프로그

노천초
영산홍 챌린지
얼씨 기화~자자~영산홍~

단오 소원등을 달고 관노탈, 단오선도 만들며
교실에서 온라인 단오제를 즐겼어요!

THE DANO
PLAY
THE DANO
JOIN
THE DANO
LINK
THE DANO
OPEN

PLAY THE DANO
2020 온라인 강릉단오제
단오TV스튜디오

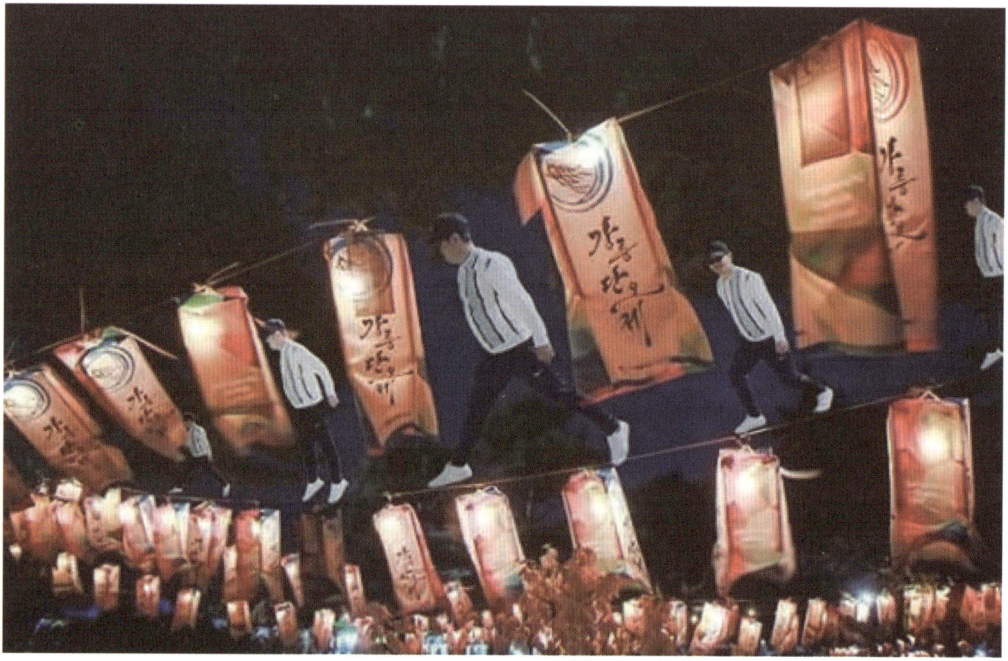

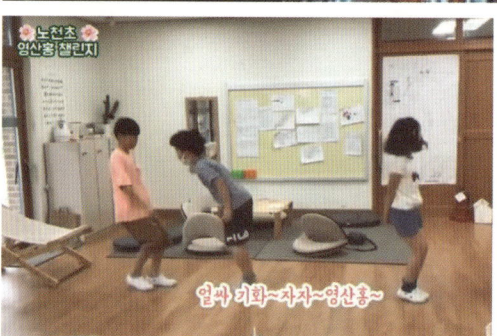

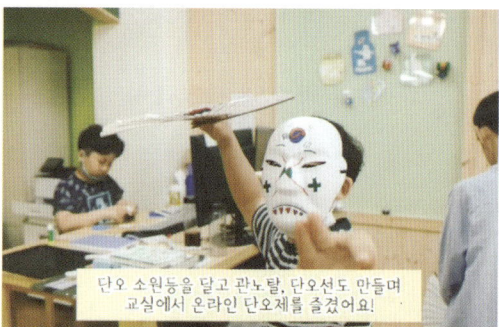

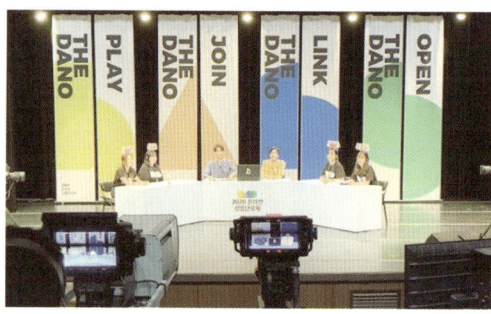

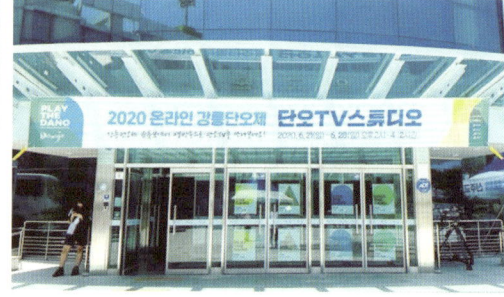

그림 24 2020 온라인 강릉단오제 주요 사진

램에 대한 기획적 접근과 기술적 접근을 함께 고민한다면, 이제 축제도 자체 방송국을 운영해야 하는 시대가 왔음을 확인할 수 있다. 촬영과 편집 그리고 송출하는 일련의 과정을 대행으로만 가져가기에는 그 양과 예산의 규모가 커서, 결국에는 자체적으로 제작 환경과 시스템을 구축하고 직원을 채용하는 시대가 열릴 것이다.

축제 총감독의 영역도 오프라인에서 온라인까지를 컨트롤할 수 있는 방송국 PD의 영역까지 확장될 것이다. 축제의 일상화와 일상의 축제화에 온라인 축제는 새로운 가능성과 확장성을 동시에 열었다. 코로나19가 종식된다고 하더라도 축제의 온라인 기능이 위축되거나 사라지지는 않을 것으로 보여진다. 그러므로 축제는 온라인과 오프라인 공간을 동시에 품고 새로운 시대로 전환을 시작해야 한다.

오프라인 축제

2020년은 코로나19로 인해 사회적 거리두기가 강조되면서 봄과 여름은 전국의 축제들이 대부분 취소 또는 연기되었지만, 2020년 가을에는 비대면 축제 개최가 상당수 증가하였다.

비대면 축제 유형은 크게 온라인 축제와 오프라인 드라이브 스루(Drive Through) 축제로 나타났다. 콘텐츠 중심 축제들은 온라인 축제로 개최되었고, 판매를 목적으로 실시되는 특산물 축제들은 드라이브 스루 축제로 개최되었다. 드라이브 스루 축제는 차에 탄 채로 특산물을 구매하거나 관람하는 방식이다. 그리고 온라인 축제를 개최하면서 드라이브 스루로 판매 행사를 함께 병행한 축제도 있었다.

드라이브 스루 축제를 통해서 확인할 수 있는 것은 비대면 축제는 축제가 아닌 행사 개념이라는 것이다. 온라인 축제도 오프라인 축제 현장과 프로그램이 없는 상황에서 온라인만을 가지고는 축제가 아닌 행사 개념으로 밖에 볼 수 없다. 결국, 오프라인 축제는 규모 여부를 떠나 존재해야만 한다는 것을 알 수 있으며, 위드 코로나 시대 어떻게 오프라인 축제를 해야 하는지는 오프라인에서 일상화 축제를 기획한 춘천 마임축제를 살펴보면 알 수 있다.

그림 25　문경오미자축제 & 전주김장문화축제 포스터

　　춘천 마임축제는 코로나19 상황 속에서 5월 오프라인 축제 개최를 예정으로 해외 초청 공연은 취소하고, 집단적 난장 축제 개념을 포기하는 기획으로 '1미터와 2미터 사이 어딘가'라는 새로운 축제를 준비하고 있었다.

　　하지만 이태원 클럽 집단 감염에 대한 사회적 분위기로 결국엔

32년 만에 축제 취소 결정이 내려졌다. 하지만, 축제 취소에 따른 고민은 포기가 아닌 전환적 축제로 기획을 이끌어 냈다. 그 결과 2020년 9월 제47회 관광의 날 기념식에서 관광진흥 유공 정부포상으로 국무총리표창을 (사)춘천마임축제가 받게 되었다. 재난시대 축제 필요성과 방법론에 대한 고민이 축제의 규모성, 집단성, 일회성이라는 축제성을 포기하게 했지만, 스토리·사람·콘텐츠 중심으로 일상 속 축제 개념을 적용해 운영한 것이 높은 평가를 받은 것이다.

도심 속 오프라인 공간에서 분산과 일상화를 전략으로 100개의 씬을 만드는 '100 Scene Project'는 축제가 취소되는 상황에서 전국의 축제인들에게 희망을 주었다.

춘천 마임축제 강영규 총감독은 2020 춘천 마임축제는 백씬 프로젝트를 통해서 축제가 집단성과 규모성이 아니더라도 '예술을 통해서 감성적 휴식을 가능하게 해줄 수 있다'고 하였다.

결국, 위드 코로나 시대에도 오프라인 축제가 가능하다는 것을 보여 준 백씬 프로젝트는 집단성·축제성을 포기했기 때문에 가능했다고 생각할 수 있지만, 전환 시대를 맞이하는 우리에게 '축제성에 대한 재해석'을 요구하는 것으로 볼 수 있다.

락-앤-락(樂) 프로젝트 '마임시티즌 - 슈트맨'

대학로 문화의 거리 '옥상 피크닉'

그림 26 2020 춘천마임축제 백신 프로그램

'축제는 인간이 시대를 표현하는 문화적 생명체'라고 본다. 축제는 시대성을 담으며 변화되고 있음을 1부 초월성 축제 도래에서 살펴볼 수 있었다. 초월성 축제는 집단적 킬러 콘텐츠 파괴를 전략으로 축제성의 새로운 창출을 이야기 한다.

실재성 축제의 유희성을 의외성으로 재해석 했으며, 의외성은 킬러 콘텐츠로 집중하고 집합하는 축제가 아닌 다원성 철학을 기반으로 소규모의 다양한 프로그램을 운영시키는 것이다. 그래서 참가자 분산과 함께 참가자로 하여금 축제의 진정한 교감을 통하여 흥분이 아닌 공생과 행복 감성을 영성 차원까지 끌어 올린다.

2020 춘천 마임축제는 백씬 프로젝트를 통해 100개의 프로그램을 선보였다. 위드 코로나 시대 우리는 축제가 소규모의 다양한 프로그램으로 참가자를 분산시킬 수 있으며, 이는 실재성 축제에서 집단성에 의해 이루어지는 주무대 및 집단화에 의한 킬러 콘텐츠 개념을 버릴 때 가능하다는 것을 보여준다.

초월성 축제는 분산을 통해 참가자가 축제를 온전히 느낄 수 있도록 하는 것에 집중하고 있다. 이를 위해 축제와 참가자 간에 감성과 영성의 교감 환경을 제공하고, 체험을 통해 실재성 축제와는 다른 방식으로 카타르시스를 경험하게 하는 것이다.

또한, 초월성 축제는 축제 공간의 균형감과 프로그램 선택에 자율성 시스템을 지향한다. 즉, 참가자 스스로가 자신의 취향에 맞게 프로그램을 선택하는 것으로 참가자가 모든 프로그램을 참여하도록 하는 것이 아니라 자신이 선택한 프로그램을 온전하게 즐길 수 있도록 제한된 인원에 품질을 높여 참가 신청을 받아 유료화로 운영하는 것이다. 참가자는 스케줄링을 통해 스스로가 축제를 즐기면 된다.

초월성 축제는 축제 주최측이나 스텝들이 잘 보이지 않고 느껴지지 않도록 하는 방식으로 축제 공간과 축제 프로그램을 새로운 시각에서 바라볼 것을 요구한다.

O2O 축제로의 전환

2020년은 코로나19로 인해 대한민국 축제가 온라인 축제로 전환을 시도한 첫 해로 온라인을 통한 축제의 새로운 연결성과 확장성을 경험한 것에서 의미를 찾을 수 있다. 그리고 코로나19가 지속되는 2021년은 온라인 축제와 오프라인 축제를 동시에 운영하는 융합 전략으로 축제 전환을 시도해야 할 것이다. 코로나19가 종식 된 이후 포스트 코로나 시대 대한민국 축제는 다시 오프라인으로 회귀하는 것이 아니라 온라인과 오프라인이 동시에 운영되는 축제 시스템으로 진화해 성장해야 한다.

초월성 축제는 뉴노멀 시대 O2O 시스템을 통한 축제 플랫폼을 바탕으로 성장할 것을 이야기 하고 있다. 온라인과 오프라인의 융합은 축제 생태계 조성과 관리에 있어 새로운 패러다임을 요구하고 있다. 디지털 연결성과 지역 플랫폼으로서 축제의 기능과 역할은 축제 기획 및 운영에 많은 변화를 가져다 줄 것으로 예상된다.

오프라인 공간을 넘어 온라인 공간은 지속해서 개척해야 할 대상이 되었다. 온라인 공간과 오프라인 공간의 초월적 융합은 온라인 공간을 통한 오프라인 공간의 새로운 가치를 발견하고 연결시키는 결합의 결과를 만들어내야 그 의미를 찾을 수 있다.

2021년부터 대한민국 축제는 온라인과 오프라인의 융합을 핵심 과제로 전개되어야 한다. 행정과 축제 조직은 다양한 이해관계자들에게 실재성 축제의 패러다임에서 빠져나오는 시간을 제공해야 할 것이다. 2020년 비대면 온라인 축제의 등장은 가능성을 경험한 것이지, 온라인 축제의 가치와 성공을 인정받은 것은 아니다.

그렇기 때문에 2021년부터는 온라인 축제 운영과 기술이 아직 미흡한 상황 속에서 오프라인 축제와의 융합이라는 또 다른 도전을 시작해야 한다. 즉, 온라인 축제의 가치를 창출시키면서 오프라인 축제의 새로운 가치를 경험해야 한다.

온라인 축제가 오프라인 축제를 대체할 수 있다고 생각해서는 안 된다. 서로를 교차시켜 온라인의 가치와 오프라인의 가치가 통합될 수 있도록 함으로써 축제의 초월성을 이끌어내야 한다.

초월성 축제는 축제 브랜드가 온라인을 통해 오프라인의 지역자산을 구축시키는 지역 브랜딩에 집중해야 하며, 온라인과 오프라인 축제의 이동성과 연결성이 축제와 지역에 최고의 가치를 만들 수 있도록 전략화가 필요하다. 그리고 온라인과 오프라인 축제에 지역 주민을 비롯해 세계인들을 어떻게 참여시킬지에 대한 기획적 고민을 해야 한다.

2021년 대한민국은 축제를 취소해서는 안된다. 인류에게 이제 더 이상 축제의 멈춤은 없어야 한다. 위드 코로나 시대 속에서 온라인 축제의 확장성과 가치를 만드는데 예산이 과감히 투입되어야 하며, 오프라인 축제는 규모성 보다는 진정성으로 공간과 콘텐츠 기획에 새로운 패러다임을 적용시켜야 한다.

즉, 초월성 축제의 가치 창출 경험을 이끌어 내야 한다. 이것은 기존과는 달리, 온라인을 통한 축제의 연결성과 확장성이 축제 기획과 운영에 새로운 표준이 되어야 한다는 의미로 받아들여야 한다.

온라인 축제의 근원인 오프라인 축제는 반드시 존재시켜야 한다. 이제 오프라인 축제는 규모가 중요한 것이 아니다. 디지털 호모 페스티버스에게 고향과도 같고, 성지와도 같은 아날로그 축제 본질에 존재성과 상징성 그리고 가치성을 경험시키는 공간이다.

초월성 축제에서의 축제장은 사라지는 개념이 아닌 존속시키는 개념으로 365일 언제든지 디지털 호모 페스티버스들이 방문할 수 있고, 방문해서 공생과 행복의 기운을 얻고, 자신의 존재를 확인할 수 있는 염원의 공간으로 지역의 성지화와 상설화를 추진해야 한다. 온라인의 연결성과 상호작용성을 오프라인 축제와 결합시켜 축제와 지역 관광을 활성화시키는 융합전략이 필요하다.

포스트 코로나 시대에 새로운 질병이 등장하더라도 우리는 축제를 멈추지 않고, 새로 개척한 온라인 공간에서 축제를 열 수 있으며, 그것을 축제로 개념할 수 있는 이유는 오프라인에 축제장을 열고 있기 때문이다. 이제 축제의 공간 개념은 오프라인 공간만 존재했던 실재성 축제 시대의 축제장으로 인식해서는 안된다.

질병이 없는 시기는 온라인과 오프라인 모든 공간을 초월해 성대한 잔치를 열면 되고, 질병이 찾아오면 상설 축제장의 존속과 제한된 오프라인 축제 운영을 실시하면서 오프라인 축제의 가치를 더욱 극대화 시키는 것이다. 그리고 온라인 공간 속에서 디지털 호모 페스티버스가 되어 세계적인 축제를 즐길 수 있다.

2020년 코로나19로 인해 사회적 거리두기 실천과 지역경제 및 특산품 판매를 위한 궁여지책으로 실시된 비대면 축제의 등장은 우리에게 새로운 공간을 개척하게 했으며, 가능성과 동시에 한계성이 있다는 것을 알게 하였다.

이에 2021년부터 대한민국 축제는 위드 코로나 상황 속에서 사회적 거리두기를 실천하지만 오프라인 축제를 반드시 존재시키면서 온라인 축제로의 접근을 시도해야 한다는 것을 강조하고 싶다.

이것은 기존 방식이 아닌 초월성 축제로 나아가기 위한 방법의 모색일 것이다. 그래서 오프라인 축제 개최 목적은 규모가 아닌 경험을 창출하겠다는 생각으로 실시해 브랜드로 연결시켜야 한다. 기존 실재성 축제의 운영 시스템과 스타일의 패러다임을 버릴 때 그것이 가능할 것이다.

초월성 축제는 온라인 공간을 통해 오프라인 공간의 가치를 더욱 키우고, 세계적 연결이 지역을 주목하게 만드는 전략을 고민하는 것이 필요하다. 디지털과 4차 산업혁명으로 시작되는 뉴노멀 사회의 초월성 축제는 시대 전환에 따른 축제 대응 전략인 것이다. 코로나19는 다가올 뉴노멀 사회에 축제 전환의 시기를 앞당기고, 질병으로 인한 축제 개최 제약 속에서 새로운 기회를 창출시킨 사건으로 재해석해야 한다.

뉴노멀과 축제 트랜스포메이션
축제 혁신의 항해 지도를 발견하다

**생존을 넘어선
기회성 창출**

　　　　　　오랫동안 인류와 함께 한 축제는 코로나19로 인해 생존의 위협을 받고 있지만, 인간 사회에서 축제는 사라지지 않을 것이다. 축제는 인간이 공동체를 구성하는 순간부터 탄생되었고 인류가 공동체를 유지하며 시대적 진화와 발전을 거듭하는 것에 발맞춰 그 모습을 달리하며 오늘에 이르게 되었다.

　　코로나19와 팬데믹은 디지털 혁명으로 진화하고 있는 상황에서 시대전환과 그 시기를 앞당겨주는 기회를 창출하고 있다. IT 강국인 대한민국은 BT기술을 활용해 코로나19 감염을 발 빠르게 차단하고 있으며, 사회, 경제, 문화 전반에 걸쳐 4차 산업혁명을 앞당기고 있다. 정부는 한국판 뉴딜정책을 통해 대한민국 사회와 경제를 새롭게 바꾸겠다는 계획을 발표했다. K뉴딜 정책은 디지털 뉴딜, 그린 뉴딜, 고용 안전망 강화를 추진한다. 따라서 대한민국 사회에서는 도태되어 사라지는 분야가 발생하고, 동시에 새롭게 주목받는 분야가 생길 것이다. 각 지방정부는 한국판 뉴딜 정책 패러다임을 지역에 적용하고자 노력할 것이며, 도시의 공간은 재해석되고, 그 공간에서의 삶은 새로운 전환을 맞이할 것이다.

축제도 이러한 전환을 경험하고 있다. 온택트 시대에 발맞추어 새로운 공간을 개척하여 온라인 축제를 개최했다. 이에 오프라인 축제 공간에 대한 재해석과 온라인과 오프라인 공간의 융합을 통해 기존 축제 공간을 재구성 해야 한다.

우리는 코로나19를 축제의 생존을 위협하는 패러다임으로만 바라보는 것이 아니라 뉴노멀 사회의 새로운 기회를 창출하는 혁신의 패러다임으로 바라보아야 한다. 그래서 위드 코로나 시대 축제는 위축되는 것이 아니라 새로운 시대로의 축제 전환을 시도해야 하며 그 개념이 바로 초월성 축제이다.

실재성 축제에서 초월성 축제로의 전환을 부정하기보다 초월성 축제로의 올바른 전환은 무엇이며, 어떻게 전환을 시도해야 하는지에 대한 가치 창출이 대한민국 축제에서 담론화되어야 한다. 기존 실재성 축제가 성장의 한계에 봉착한 시점에서 초월성 축제로의 새로운 접근과 시도는 실재성 축제의 가치 혁신이며, 축제 성장의 새로운 탈출구가 될 것이다.

축제의 글로벌 추진과 간접지원을 통해 축제 역량을 강화하려는 중앙정부의 제도 개선과 노력은 실재성 축제의 패러다임을 버리지 않고서는 그 성과에 한계가 있을 수밖에 없다. 즉, 축제의 체질을 개선하겠다는 패러다임의 전환 없이는 힘들다. 코로나19는 대한민국 축제의 체질 개선을 구체적으로 어떻게 해야 하는지를 논의할 수 있는 계기를 제공하였다고 본다. 이에 중앙정부도 축제 공간과 콘텐츠 그리고 사람과 커뮤니티를 바라보는 생각의 전환과 창조적 사고 없이는 문화관광축제 정책의 성과를 기대하기 어려울 것이다.

이러한 상황에서 초월성 축제는 뉴노멀 사회의 축제 정책이 무엇을 지향해야 하며, 어떻게 구성되어야 하는지에 대한 가이드라인을 제시해 줄 것이다. 포스트 코로나 이후 펼쳐질 뉴노멀 사회의 축제가 어떠한 꿈을 꾸고, 어떤 성과를 이루어야 할지를 생각하며 위기를 기회로 전환할 수 있어야 한다.

경계를 허문 공간성과
플랫폼 구축

지금까지 인류는 오프라인만을 축제 공간으로 인식하고 있었다. 축제와 관광과의 결합은 축제의 장소 마케팅 전략이 중요한 의미를 갖도록 하였다. 그리고 명소화의 꿈은 일상에서 축제 공간을 창조하였고, 축제를 통한 지역 관광의 일상화를 경험하게 했다. 축제의 질적 성장은 공간의 수용력과 서비스 그리고 참가자 만족을 고민하도록 했으며, 주최측의 의지와 성과의 정량화는 현장을 더욱 집객시키는 것에 몰두하게 하였다.

전문가들은 밀집된 사진 한 컷을 만들기 위해 공간과 콘텐츠 그리고 시간을 응집시킨 킬러 콘텐츠 개발을 강조하였다. 하지만 코로나19는 지금까지 고밀집으로 운영되었던 축제를 멈추도록 하였고 팬데믹으로 인해 우리 사회는 축제를 문제로 인식하게 되었다. 즉 축제 공간과 콘텐츠 운영 방식에 대한 제약이 부분적 개선만으로는 결코 해결될 수 없으며 체질을 근본적으로 개선시키는 것이 필요함을 처음으로 인식하게 된 것이다. 즉 제약이 오히려 새로운 축제를 탄생시킨 것이다.

2020년 속수무책이었던 상반기를 보내고, 진퇴양난의 시점인 가을에는 온라인 축제를 개척했다. 온라인 축제는 지금까지 축제가 상상하지 못했던 새로운 문을 연 것이며, 그 문을 통해 스미는 빛은 우리에게 새로운 만남과 즐거움이 가능한 공간을 창출하는 것에 희망을 주었다.

온라인 속의 무한한 공간은 우리에게 글로벌로의 연결과 축제에 대한 다양한 상상력을 발휘시켰다. 축제가 오프라인 공간에서 온라인 공간을 연 것은 새로운 우주를 개척한 것과 같다. 이제 우리는 오프라인과 온라인 공간을 자유롭게 넘나드는 축제를 만들어야 한다.

온라인과 오프라인의 경계를 허물고, 공간을 초월해 축제를 즐기는 것이 바로 초월성 축제이다. 우리는 축제의 가상공간을 열었으며, 이제부터는 가상공간과 현실공간과의 융합을 생각해야 한다. 구글과 페이스북은 가상공간을 지배하고 있지만, 숙박 플랫폼인 '에어비앤비'와 배달 플랫폼인 '배달의 민족'은 가상공간을 이용해 현실에서 인간을 더욱 이롭게 하고 있다. 결국, 공간의 융합은 축제를 플랫폼으로 인식하게 하는 것이며, 가상공간과 현실공간에서 융합은 창조력에 달려 있음을 깨달아야 한다.

그럼에도 불구하고 축제의 본질은 오프라인인 현실공간에 있다. 따라서 구글과 페이스북처럼 축제를 바라보아서는 안 된다. 축제가 개척한 온라인을 통해 가상공간 플랫폼을 구축하고, 오프라인 축제장과 축제를 품고 있는 지역과 주민을 더욱 가치 있게 하는 창조를 시작해야만 한다. 축제의 시장적 가치는 더욱 커져야 하며, 축제 생태계는 새로운 진화를 해야 한다.

축제 전문가의 영역도 더 넓어질 것이며, 축제 참가자의 개념도 달라질 것이다. 초월성 축제는 지역과 더욱 밀착하고, 축제를 통해 지역을 세계와 소통시키는 플랫폼이 될 것이다. 축제의 일상화는 온라인 플랫폼을 통해 현실화될 것이며, 온라인은 오프라인을 더욱 가치 있게 하고 촉진하는 촉매제 역할을 할 것이다.

초월성 축제는 지금까지 축제를 지역의 소유물로 생각했던 가치를 전환하도록 할 것이다. 축제가 자신들만의 것이라는 유리벽을 세우면 초월성 축제는 그 가치를 발휘하지 못하게 된다. 지역과 주민은 포용성을 가지고 축제를 대한민국 국민 모두의 것으로 인정하고, 세계인의 것으로 인정해야 한다. 이제 초월성 축제의 저해요소는 질병이 아니라 보이지 않는 유리벽을 세우는 폐쇄성과 지역 이기주의가 될 것이다.

디지털 기반 세계성
축제 공동체의 탄생

축제는 코로나19 상황이 아니었더라도 언젠가는 온라인 축제 공간을 열었을 것이다. 코로나19로 우리 사회에 대중적 키워드가 된 뉴노멀은, 코로나19 이전부터 이미 디지털과 4차 산업혁명 시대에 펼쳐질 새로운 일상으로 이야기되고 있었다.

사회를 지탱했던 시스템의 변화와 기업의 발 빠른 움직임 속에서 결국, 축제도 시대적 변화를 했을 것이다. 인류와 함께 한 축제는 크게 3번의 전환을 경험했다고 볼 수 있다. 지역 기반 전통축제가 1.0이었다면 여가와 관광기반 현대축제는 2.0이다. 그리고 디지털과 4차 산업혁명 기반 초월성 축제는 3.0으로 볼 수 있다.

디지털은 온라인을 통해 세상을 바꾸고 있다. 축제도 이에 따른 시대적 전환 시점에 놓여 있으며 코로나19가 이를 앞당기고 있다. 온라인을 통한 연결의 초월은 축제를 세계와 연결하는 계기를 창출할 것이다.

2020년 한국 가수 최초로 빌보드 싱글 차트 1위를 차지한 방탄소년단(BTS)은 디지털 플랫폼을 기반으로 글로벌 스타가 되었다. BTS는 한국을 포함해 전 세계에 팬클럽 '아미(A.R.M.Y)'를 만들었으며, 팬덤의 네트워크를 기반으로 SNS를 통해 콘텐츠 마케팅에 성공한 대표적 사례이다.

특히, K-POP의 불모지인 영미권에서 네트워크가 강한 아시아계 미국인 청소년들을 타켓팅 했고, 아미들은 BTS가 제공한 콘텐츠를 2차 가공해 온라인상에 업로드 했다. 이러한 도미노 현상은 BTS의 음원이 영미권 전역으로 확산하는데 기여하고, 영미권 청소년들을 팬덤으로 만들었다.

BTS 소속사는 음악 산업 비즈니스 모델 혁신과 콘텐츠 플랫폼 기업 지향을 목표로 음악과 아티스트를 통해 팬들에게 위로와 감동을 주고자 하였다. 현재 아미들은 BTS가 음원 차트에서 좋은 성적을 내도록 전략을 세우고, 스트리밍 가이드와 크라우드 펀딩 등 다양한 방법으로 곡의 흥행과 성공에 일조하고 있다. BTS 팬덤 아미는 세계적 공동체가 되어 BTS를 지키고 있다. BTS는 그들에게 '나다움'의 가치와 철학을 노래로 공유한다. 팬들의 마음에 위로, 기쁨, 희망의 감정을 전달하며, 함께 미래로 가자고 노래하며 진정성으로 상호작용하고 있다.

분야는 다르지만 디지털 사회가 구축되었기 때문에 축제도 BTS처럼 온라인 공간을 여는 것이 가능해졌다. 가상공간 속에서 지역 주민은 축제의 팬이 될 수 있다. 그러므로 행정은 지역 주민의 네트워크가 세계로 연결될 수 있는 방안을 모색해야 한다. 이제 세계성을 지닌 축제 공동체를 탄생시킬 기회가 열린 것이다. 온라인은 축제를 사랑하는 세계인들이 365일 만나고, 상호작용하는 소통의 장이 될 것이다. 축제 이외에도 지역의 정보와 삶을 공유하고, 이를 통해 세계인들이 지역으로 찾아올 수 있도록 해야 한다. 축제와 지역을 자발적으로 홍보하도록 지속적인 상호작용과 축제 플랫폼 전략도 필요하다. 이제 축제는 초월성 축제를 통해 세계가 공동체로 살아갈 수 있는 새로운 땅을 개척하며 나아갈 것이다.

초월성 축제는 대한민국 축제들이 온라인을 기반으로 글로벌로 갈 수 있는 방법과 가능성을 초연결로 설명하고 있다. 축제도 한류에 편승할 시기가 된 것이다. 현재 서울, 제주, 부산 등 광역 중심의 대한민국 인바운드 관광시장에서 축제의 O2O 플랫폼 전략은 지역이 글로컬 관광을 열 수 있는 가능성을 높일 것이다. 그리고 뮤직 페스티벌은 해외 아티스트, 라인업, 팬덤 문화구축, 유료화와 온라인 티켓팅 등의 운영 시스템이 초월성 축제로 진입하는 조건들을 어느 정도 갖추고 있어 빠르게 진입할 수 있을 것으로 예상된다. 축제는 지역을 표현하는 응집과 매력의 대표 문화 콘텐츠이다. 그래서 축제를 새롭게 인식하려는 노력과 접근이 필요하다.

집단적 킬러 콘텐츠 파괴와 안전성 확보

　　　　　　　　대한민국 축제가 양적 성장에서 질적 성장으로 전환하는 시점에 등장한 키워드가 킬러 콘텐츠이다. 킬러 콘텐츠 개념 속에는 축제를 상품으로 바라보는 인식이 내재되어 있다. 킬러 콘텐츠는 축제를 떠올리면 연상되는 해당 축제의 대표 체험으로 많은 참가자들은 킬러 콘텐츠를 즐기러 간다. 그리고 킬러 콘텐츠를 즐기는 사진과 영상은 미처 경험하지 못한 사람들에게 축제를 경험하고 싶은 관광 욕구를 불러일으키게 한다.

　　킬러 콘텐츠는 특정 시간과 공간에 사람을 밀집시켰으며, 참가자들이 밀접한 상태에서 집단 놀이와 상호작용의 역동은 유희와 일탈을 경험시켰다. 그리고 이렇게 하는 것이 곧 축제라는 공식을 성립시킨 것이 실재성 축제를 이끌었던 대한민국 축제 전문가들의 생각이었다. 하지만, 대한민국 축제에서 이러한 조건의 킬러 콘텐츠를 가지고 있는 축제가 과연 얼마나 될까? 대부분의 축제가 킬러 콘텐츠를 가지고 있지 않다. 그리고 킬러 콘텐츠를 가지고 있는 축제 모두가 놀이와 역동성을 가지고 있는 것도 아니다.

　　화천 산천어축제의 얼음 낚시, 무주 반딧불축제의 반딧불이 신비 탐사, 진주 남강유등축제의 유등 전시, 안동 국제탈춤페스티벌의 탈춤 놀이, 김제 지평선축제의 쌍룡 놀이 등 대한민국 대부분 축제의 킬러 콘텐츠는 참가자들에 의한 놀이와 집단 역동이 없었다. 단지 참가자들의 체험에 가깝다고 할 수 있다.

그럼에도 대한민국 축제는 축제 전문가들에 의해 전 세계 많은 축제들 중에서 집단 역동에 기반한 축제들이 성공한 축제로서 롤 모델이 되었다. 그동안 모두가 맞지 않는 옷을 입고자 안간힘을 쓴 것이다. 축제의 보편적 가치를 가지고 본다면 유희성과 일탈성은 집단을 통해 역동적으로 실시해야만 얻어지는 감정은 아니다.

초월성 축제는 대한민국 축제가 집단성이라는 킬러 콘텐츠의 함정에 빠지지 말아야 한다는 것을 강조한다. 집단성 개념을 축제장 일부 공간에 대규모 점으로 밀집시키는 실재성 축제에서의 킬러 콘텐츠 개념을 버리고, 소규모 점을 통해 형성한 축제장 전체 패턴 즉, 면을 집단성으로 바라보는 킬러 콘텐츠 개념을 가졌으면 한다.

즉 초월성 축제는 킬러 콘텐츠 개념을 집단적 개념이 아닌 개별적 개념으로 인식한다. 주최측이 지역에 기반한 축제 소재를 다양한 개성으로 재해석하고 다원화된 콘텐츠와 환경을 구축하면 축제 참가자들은 축제를 구경하는 것이 아니라 축제 주제에 맞게 자기 개성을 표현하고 운영하는 콘텐츠 소그룹에 각자 참여해 자유롭게 축제를 즐기면서 그 속에서 행복을 경험하는 것이다.

집단 역동에 기반을 둔 킬러 콘텐츠 축제는 여러 유형의 축제 중 하나인 것이다. 성급한 일반화의 오류가 대한민국 축제의 꼴을 동일하게 만드는 것을 이제부터는 거부해야 한다. 팬데믹을 계기로 그 눈이 뜨였으면 한다.

사람을 한 공간에 모아 역동을 꿈꿨던 축제가 질병으로 인해 사회적으로 불신의 대상이 되고 있다. 그러므로 이제 집단의 개념과 분산의 개념을 재인식해야 한다. 그리고 오프라인 축제의 안전성을 확보할 필요가 있으며, 안전성이 확보된 축제 공간 개념과 운영 시스템으로 새로운 경험을 창출해야 한다.

그동안 대행사 운영 시스템과 단체장의 과시용 축제 문화는 축제의 무게 중심을 주무대에 집중시켰다. 그런데 킬러 콘텐츠는 주무대에서 이루어지는 것도 아니다. 기존 실재성 축제에서 주무대 중심 공간 배치와 집단 역동에 의한 킬러 콘텐츠 파괴를 함께 생각해야 한다. 공간과 콘텐츠는 함께 고려되어야 할 대상이기 때문이다. 이제 축제장을 조성하고 참가자 동선을 유도하는데 큰 역할을 했던 축제장 무게 중심을 콘텐츠로 분산시키는 고민이 새롭게 이루어져야 한다.

이러한 공간의 변화는 축제장 환경과 장소감 연출에 변화를 이끌어 축제를 시각적, 콘텐츠적, 감성적으로 다르게 변화시킬 것이다. 우리는 안정성 확보와 함께 축제의 새로운 변화와 운영 방법에 대한 모색으로 새로운 개념의 킬러 콘텐츠를 탄생시켜야 한다.

주최측이 보이지 않는 자율성 문화

대한민국 지역축제는 지방자치 출범과 더불어 관 주도로 시작되었다. 관 주도형 축제는 짧은 시간에 축제 성장을 이끌어냈으며 그 기여도가 크다. 하지만, 한계를 분명히 갖고 있다. 그래서 축제의 민간 이양 목소리가 높지만, 민간의 역량부족 때문에 대부분의 지역에서는 중간 지원조직인 재단을 설립해 민관 협력의 거버넌스 구축을 시도하고 있는 것이 현재 실정이다. 하지만, 문화재단은 축제를 위한 전담 조직이기보다는 축제업무도 하는 조직의 모습이 강하기 때문에 축제 전문가가 배제된 재단의 역할이나 이해관계 속에서 축제를 풀어가는 모습은 오히려, 부정적 인식을 갖게 한다.

대한민국 축제는 관 주도, 재단 주도, 순수 민간 주도로 축제 운영

조직을 구분해 볼 수 있다. 그리고 순수 민간 주도 축제 몇 개를 제외하면 대부분이 수직적 축제 운영구조를 띠고 있다. 수직적 운영구조는 축제 운영의 힘이 행정과 주최측에 집중되어 있다는 것이다. 코로나19 상황 속에서 많은 청정지역들이 축제를 개최하지 못하게 된 의사결정에도 이러한 힘이 작용한 것으로 볼 수 있다.

초월성 축제가 축제 운영에 자율성을 얻기 위해서는 수직적 운영구조를 버리고 수평적 구조를 띠어야 한다. 그런데, 대한민국 축제는 자율성 축제 운영에 대한 경험이 없다.

즉, 축제 기획 및 운영에 지역 주민을 비롯한 참가자들의 의견을 반영하지 못하고, 소통과 대화를 통해 축제를 만들어 가는 것이 형식화되어 축제 문화로 구축되지 못하였다. 앞으로는 온라인 공간에서의 축제 참여가 오프라인 축제 운영에 큰 기능을 할 것이며, 온라인 공간은 실시간 수평적 구조에서 상호작용이 이루어지는 특징을 가지기 때문에 오프라인 축제 운영은 자연스럽게 자율성 축제 문화를 구축하게 될 것이다.

초월성 축제가 공간을 초월했다는 것은 단순히 접속과 조회수로 개념되어서는 안 된다. 초월성 축제에서 온라인 공간의 가치는 세계적으로 소통 채널을 확보할 수 있다는 것이며, 그 채널을 통해 만들어진 상호작용은 디지털 호모 페스티버스들을 오프라인으로 이끌어 내는 것에 있다. 궁극적으로는 온라인에서의 수평적 상호작용이 오프라인 축제의 자율성 축제 문화를 더욱 활성화시키는 것에 기여할 것이다. 결국 온라인의 개방성과 포용성이 오프라인 축제에서도 실천될 수 있을때 그 진정성은 다시 온라인을 통해 지역의 축제를 글로벌 축제로 이끌게 될 것이다. 축제의 자율성 문화는 주최측이 아닌 참가자에 의해 실천되고 이것은 다시 온라인의 수평적 상호작용을 성장시키는 선순환 생태계를 이끌게 될 것이다.

축제가 주최측에 의해 온라인과 오프라인에서 인위적으로 운영되어서는 안된다. 초월성 축제가 디지털 호모 페스티버스들에 의해서 자율적으로 운영될 수 있도록 하기 위해 정보 공유, 자아 표현, 긍정과 부정의 토론 등이 자유롭게 이루어질 수 있는 분위기와 환경을 조성시키는 것이 매우 중요하다. 그렇지 않으면 온라인은 허상에 지나지 않으며, 오프라인은 겉돌게 될 것이다.

초월성 축제는 오프라인 축제 환경에 기술을 접목해 무인 또는 자동 시스템을 구축해 관리할 수 있으며 공간의 운영은 주최측이 아닌 참가자들이 운영할 수 있도록 하는 접근을 시도해야 한다. 축제 생산에 참가자들이 참여하도록 해야 하며, 지역 주민과의 결합을 시도해야 할 것이다. 일본 홋가이도의 유명 관광지인 오타루에서 매년 개최되는 눈빛거리축제에서는 한국인 자원봉사자 '오보코'를 모집하고 있다. 저녁 식사와 숙소만을 제공해 주고 있으며, 항공료 등 기본 체류

비는 자원봉사자 개인이 부담하고 있다.

이처럼 초월성 축제도 지역 주민들에게 축제 운영의 포용성을 갖도록 해야 할 것이다. 그리고 온라인을 통해 전 세계 젊은이들을 오프라인 축제로 이끌고, 그들의 네트워크를 이용해 축제와 지역을 연결하려는 노력이 필요하다.

경제적 수단에서
공익성 창출

실재성 축제에서 전통사회 축제는 공동체를 유지하는 목적이 강했지만 현대사회 축제는 여가 수요와 지역 관광이 결합해 지역 경제 효과를 창출시키는 수단이 되었다. 이에 반해 초월성 축제는 온라인의 공간 창출과 이로 인한 축제의 연결성을 축제와 지역이 글로벌로 도약하는 디딤돌로 보고 있다.

일찍이 세계화(Global)의 패러다임은 사라졌다. 최근 대한민국은 인구감소와 도시 소멸의 위기 속에서 지역화와 지역 특성을 살린 로컬(Local)을 글로벌 브랜드로 창출시키는 글로컬(Glocal)에 집중하고 있다. 마찬가지로 축제에서도 문화관광축제를 명예 졸업한 축제들을 글로벌 축제로 육성하기 위한 정책을 실시하고 있고, 지역축제들은 대한민국 대표축제를 넘어 글로벌 축제를 꿈꾸기 시작했다. 이러한 축제의 글로벌 진출은 문화를 통한 도시 브랜딩 전략으로 이루어져야 한다.

최근엔 국가가 아닌 도시가 글로벌화 되고 있다. 축제는 지역의 문화관광을 기반으로 공공재적 성격을 지니고 있으며 지역의 축제가 글로벌화되는 것은 지금까지 문화관광축제로 성장했던 패러다임 및 환경과는 다르다. 단순히 지역을 팔고, 특산품을 판매하려는 마인드로 접근하는 것은 과거 실재성 축제 패러다임이다.

초월성 축제는 온라인을 통한 세계적 연결과 그 환경을 이용해 가상공간에서의 상호작용이 축제와 지역 브랜드의 글로벌화를 활성화하는 것에 가치를 두고 있다. 오프라인 축제와 축제장 그리고 지역과 지역 명소는 가상공간에서 활동하는 디지털 호모 페스티버스에게 꿈의 공간과 장소가 될 것이다.

그들에게 온라인에서의 축제 경험은 지역과 축제장 방문이 인생의 버킷리스트가 되도록 할 것이다. 그렇게 되기 위해 초월성 축제가 어떠한 노력을 해야 하는지에 대한 고민은 기업의 마케팅 변화를 통해 알 수 있다. 기업은 고객의 소리를 듣는 차원을 넘어 인류에게 이로움을 주는 기업이 될 수 있도록 행동하는 소비자들을 주목하고 있다.

소셜 미디어의 등장은 온라인을 통해 소비자를 연결했고, 스스로를 표현하고, 서로 협력하도록 하였다. 이제 기업은 소비자를 프로슈머(Prosumer)[28]로까지 바라보고 있으며 소비자의 참여와 협력은 기업의 제품 생산에까지 영향을 미치고 있다. 소비자들의 집단적 힘은 기업이 사회적 문제 해결에 동참하도록 했다. 자선 활동을 넘어 공익마케팅을 하게 하고, 이윤만을 추구했던 기업 경영의 행동 변화를 이끌어 사회 변혁까지 동참하도록 하였다. 이제 축제도 기업처럼 마케팅 시대를 넘어 브랜딩 시대로 전환되어야 한다.

이처럼 초월성 축제는 로컬의 가치를 인류의 공익적 가치와 연결하는 것에 중요한 의미를 둔다. 세계인들이 로컬의 축제가 잘 되길 바라고, 지속가능한 성장에 함께 동참하도록 하기 위해서는 축제가 인류의 공익적 가치를 철학으로 가지고 있어야 하기 때문이다.

이렇게 된다면 온라인이라는 가상공간에서 디지털 호모 페스티버스들은 축제와 지역을 중심에 두고 협력의 관계를 구축할 것이다. 그리고 그들 속에서 온라인을 통한 공유와 공감은 자연스럽게 상호작용을 만들어 축제 활성화를 이끌고 축제가 글로벌로 나아가는 발판

---

28) 제품 개발에 소비자가 직접 또는 간접으로 참여하는 방식으로 생비자(生費者)라 한다. 즉, 생산자와 소비자의 역할을 동시에 하는 사람을 말한다.

이 될 것이다. 이러한 축제의 공익성 창출은 축제를 통한 지역의 문화 마케팅을 실천하게 한다. 지역은 축제를 통해 세계적 팬을 만들고, 팬들의 실천 행동은 지역과 인류를 변혁시키는 에너지로 작용할 것이다.

**인간성과 도덕성
그리고 영성의 결합**

초월성 축제가 로컬을 기반해 고유성과 차별화를 이끌고 글로벌로 성장하기 위해서는 실재성 축제와는 달리 창조적 진화가 있어야 할 것이다. 실재성 축제에서 현대사회 축제는 인간과 지역이 축제를 도구화하고, 지역 속에서 많은 이해관계를 만들어 견제와 대립의 구도 속에 축제의 본질이 퇴화된 경향이 짙었다. 즉, 지엽적 축제 구조 속에서는 성장의 한계가 돈과 행정력에 의해 좌우되고, 수직적 구조를 띨 수밖에 없다.

4차 산업혁명으로의 변화와 혁신 속에 새롭게 진화하는 축제의 변혁은 무엇일까? 뉴노멀 사회 디지털 기술과 과학의 발달 그리고 삭막한 도시 속 삶에서 인간성과 도덕성은 중요한 가치로 인식될 것이다. 그러한 인간성과 도덕성의 문화적 표출로서 축제는 인간에게 영성의 순간을 경험시키고, 축제의 가치를 새로운 방식으로 더욱 드러나게 할 것이다.

놀이를 통한 광적 흥분의 축제 시대는 지났다. 초월성 축제는 로컬의 정신을 창조하며, 창조성을 기반으로 로컬을 재구성하는 역할을 해야 한다. 로컬은 초월성 축제를 통해 시대정신과 깨달음을 실천해야 한다. 축제가 지역 문화관광에서 인간과 자연의 공생을 비롯해 인간성 회복을 주도적으로 이끄는 시대가 뉴노멀 사회이다.

자아실현의 가치 창출과 사회적 가치 창출이 구분되어서는 안 되며 축제 체험과 활동으로 하나 될 수 있어야 한다. 그러기 위해 지역에서 축제를 바라보는 가치는 기존과 달라져야 한다. 자신이 속한 단체의 이해관계를 중심으로 축제를 바라보는 지역 주민의 의식은 전환이 필요하다. 자치단체장을 비롯한 의원들의 수직화된 정치적 힘도 축제에서 사라지게 하는 등 변화가 있을 때 초월성 축제는 지역을 글로벌로 이끌 수 있다.

인간성과 도덕성의 축제 철학은 축제를 양적 성장과 질적 성장을 넘어서 뉴노멀 시대가 원하는 체질로 개선되는 데 큰 역할을 할 것이다. 결국, 초월성 축제의 제약은 외부에 있는 것이 아니라 지역 내부에 있다. 실재성 축제 패러다임을 버리면 초월성 축제로의 전환 속도는 빨라지고, 글로벌 진출은 가속화된다.

지역의 초월성 축제 역할은 지역 공동체가 인간성을 회복하고, 축제를 선하게 바라보는 도덕성 회복도 실천할 수 있어야 한다. 지역이 똑똑하고, 지혜롭게 인류 공동체의 공익적 가치를 바라볼 수 있어야 한다. 전 세계 디지털 축제 호모 페스티버스들은 인간성과 도덕성을 축제 운영 철학으로 가지고 있는 축제와 지역의 팬이 되어 줄 것이다. 그들은 인간성과 도덕성이 살아있는 축제에 참여하고 협력해 지역 주민이 아니더라도 축제의 초시민이 되어 축제의 글로벌화를 지역과 함께 이끌게 될 것이다.

그들은 축제의 주제와 소재가 자연과 공존하는 환경을 지지할 것이다. 그리고 예술을 통해 사유를 제공하는 축제 프로그램의 참가자가 되고, 사유를 통해 느끼는 축제 카타르시스는 참가자로 하여금 체험의 감동을 공유하게 할 것이다. 이제 축제를 기획하고 운영하는 방법에 있어서 참가자 고민은 지역이나 국민이 아닌 세계인을 동참시키고 공존하도록 하는 것이다.

초월성 축제에서 참가자 감동은 개인 차원의 자아실현이 사회적 가치를 실천하는 연대와 협력을 이끌고, 그 힘이 인류 공동체에 새로운 가치를 실현할 때 발생한다. 이제 축제의 유희는 인간이 비물질의 의미와 행복을 깨닫는 즐거움이 될 것이다.

그림 27 태국, 원더프룻 페스티벌(Wonderfruit Festival)

3부

초월성 축제 전략 'T-SECC 모델'

초월성 축제 전략
'T-SECC 모델'을 통해 축제 혁신을 실천하다

지금까지 1부에서는 축제의 철학적 사유와 세계관 고찰을 통해 공생성, 행복성, 의외성, 가상성, 연대성, 소통성, 통합성, 공유성이라는 초월성 축제의 8가지 특성을 도출하였고 초월성 축제 개념을 정리하였다.

3부 초월성 축제 전략에서는 8가지 특성이 축제 기획 및 운영에 어떻게 연결되는지를 제시하고 운영 프로세스를 설명하고자 한다. 그리고 이것이 초월성 축제 전략인 'T-SECC 모델'에는 어떻게 적용되는지를 살펴보고, 4가지 차원의 실천 전략은 무엇인지 설명하고자 한다.

디지털과 4차 산업혁명으로 전환되는 뉴노멀 시대의 초월성 축제 특성을 축제 기획 및 운영 전략과 연결하면 <표5>와 같다.

표 5 | 초월성 축제 특성과 기획 및 운영 전략

초월성 축제 기획 및 운영 전략	초월성 축제 특성	초월성 축제 특성 설명
축제 비전과 가치 전략	공생성	인간과 인간, 인간과 자연이 더불어 살아가는 관계 재발견과 실천
	행복성	자아실현과 사회적 행복을 동시에 추구하는 상생과 행복한 사회 구축
축제 플랫폼 구축 전략	연대성	인류와 사회가 O2O 플랫폼을 통해 축제와 관계를 맺어 연대하고 실천
	소통성	O2O 플랫폼에서 상호작용을 원활하게 할 수 있는 환경과 서비스를 구축
축제 콘텐츠 전략	의외성	축제 기획에 참가자를 참여시켜 현장에서 참가자 스스로 기획을 완성
	가상성	O2O 플랫폼에 가상공간을 창출시켜 참가자와 축제를 연결하고, 디지로그 경험
축제 글로벌 마인드 전략	통합성	주최측과 참가자가 축제를 통해 인류와 사회를 바라볼 수 있도록 하는 창조적 연결
	공유성	로컬의 가치와 행복이 지역을 넘어 세계인들이 함께 소유

여기서 공생성과 행복성은 초월성 축제의 비전 수립과 가치 창출로 축제 기획 및 운영의 1단계 전략이다. 이를 실천하기 위한 2단계 전략으로 플랫폼 구축 전략은 연대성과 소통성이 있고 콘텐츠 전략에는 의외

성과 가성성이 있으며 마인드 전략으로 통합성과 공유성이 있다. 그래서 초월성 축제 기획 및 운영 프로세스를 도식화 하면 <그림 28>과 같다.

그림 28   초월성 축제 특성과 기획 및 운영 프로세스

2부에서는 위드 코로나 시대와 포스트 코로나 시대 축제 혼돈과 코로나19를 계기로 등장한 온라인과 오프라인 축제 대응을 고찰한 후 O2O 플랫폼 축제로의 전환을 이야기하였다.

뉴노멀 사회 축제 트랜스포메이션을 위해서는 생존을 넘어선 기회성 창출, 경계를 허문 공간성과 플랫폼 구축, 디지털 기반 세계성 축제 공동체의 탄생, 집단적 킬러 콘텐츠 파괴와 안전성 확보, 주최측이 보이지 않는 자율성 문화, 경제적 수단에서 공익성 창출, 인간성과 도덕성 그리고 영성의 결합 총 7가지 주제로 초월성 축제 패러다임을 설명하였다.

마지막으로 3부에서는 1부와 2부의 내용을 종합해 초월성 축제 전략을 'T-SECC 모델'로 제시하고자 한다.

'T-SECC 모델'은 초월성 축제 전략을 공간(Space), 윤리(Ethic), 연결(Contact), 시민(Citizen)의 초월(Transcend)로 크게 4가지 차원에서 개념하였으며, <그림 29>와 같다.

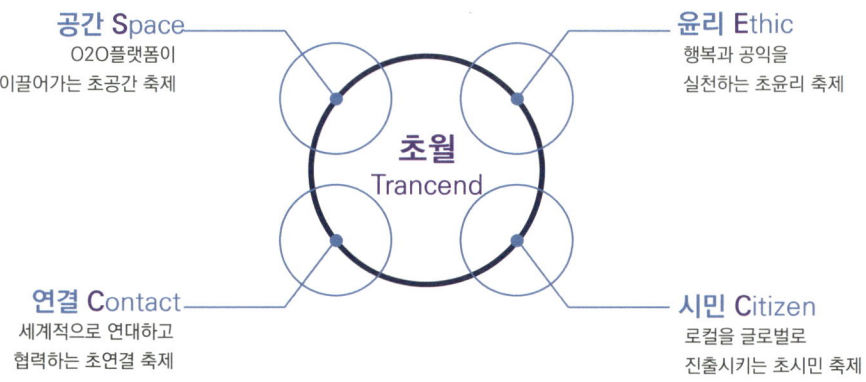

그림 29　초월성 축제 'T-SECC' 모델

'T-SECC 모델'의 SECC별 실천 전략을 설명하면 다음과 같다.

첫째, 초월성 축제의 초공간(T-Space) 전략은 온라인과 오프라인의 융합 전략이다. 초월성 축제 탄생의 원인은 온라인에서의 공간 개척이지만 온라인 축제 탄생의 근원은 오프라인 축제에 있다. 그러므로 온라인과 오프라인 경계에 서서 이분법적 사고로 축제를 바라보아서는 안 된다. 앞으로 축제 공간은 O2O 플랫폼으로 전환해야 하며, 공간 초월에 따른 콘텐츠 접근과 전략을 새롭게 모색해야 한다. 온라인과 오프라인을 구분하지 않고 통합적 사고에서 바라보아야 하며, 온라인을 통해 오프라인을 활성화하는 전략을 고민해야 한다. 이에 따라 초월성 축제 초공간 전략으로 현실과 가상의 경계 소멸, 공간과 콘텐츠 융복합, O2O 플랫폼과 서비스 확충, 디지털 인프라스트럭처와 데이터 분석, 축제 유료화와 성지가 되는 오프라인 등을 실천 전략으로 제시하고자 한다.

둘째, 초월성 축제의 초윤리(T-Ethic) 전략은 축제를 통하여 개인의 행복과 사회적 가치 창출 및 실천을 추구하는 전략이다. 초월성 축제가 시공간을 초월하여 세계적 만남과 커뮤니케이션이 이루어지기 위해서는 개인들을 통합시켜주는 축제 철학(윤리)이 있어야 한다. 그 철학은 축제가 인류의 행복과 공익을 위해 노력하는 모습을 네티즌(Netizen)들이 인지하고, 인정하게 하는 것이며 축제에 기꺼이 동참하도록 하는 것이다. 이에 따라 초월성 축제 초윤리 전략으로 인류와 미래를 생각하는 축제, 소유에서 공유로의 가치 전환, 축제 성장을 이끄는 진정성과 영성문화,

공정여행 문화를 구축시키는 축제, 사회적 가치를 실천하는 축제시민과 축제 일상화 등을 실천 전략으로 제시하고자 한다.

셋째, 초월성 축제의 초연결(T-Contact) 전략은 온라인을 통해 연대와 협력을 가능하게 하는 디지털 축제 공동체를 구축하는 것이며 오프라인과 연계하는 전략이다. 온라인 공간에서 탄생하는 디지털 호모 페스티버스는 세계적 연결을 통해 오프라인 축제와 지역을 방문할 잠재 수요자이다. 이에 따라 초월성 축제 초연결 전략으로 축제시민 디지털 호모 페스티버스의 탄생, 스토리를 창출하는 MZ세대와의 축제 공동체 구축, 협력하는 지역 주민과 연대하는 디지털 호모 페스티버스, 디지로그 감성이 이끄는 축제 매력과 새로운 연결, 동원과 연대를 실천하는 선순환 팬덤 문화 등을 실천 전략으로 제시하고자 한다.

넷째, 초월성 축제의 초시민(T-Citizen) 전략은 로컬을 글로벌로 진출시키는 글로컬 전략이다. 최근 도시는 글로벌 브랜드를 창출하는 지역화 시대에 놓여 있다. 지역의 삶과 가치는 로컬의 의미로 새롭게 주목받고 있으며, 축제는 지역이라는 공간과 주민의 삶이 함께 공존하는 창조적 문화상품이다. 뉴노멀 시대 축제는 관광객을 축제시민으로 받아들여 온라인의 연결을 오프라인으로 끌어내야 한다. 이에 따라 초월성 축제 초시민 전략으로 지역의 삶과 가치가 축제 브랜드로 연결, 축제로 표현되는 디지털 시민성과 브랜딩, 지역 콘텐츠의 재생산과 융합, 여행성지가 되는 축제장과 지역, 이익을 존중하고 신뢰를 주는 축제시민과 지역 등을 실천 전략으로 제시하고자 한다.

이상 초월성 축제 'T-SECC 모델' 실천 전략은 <표 6>과 같다.

표 6 | 초월성 축제 'T-SECC 모델' 실천 전략

초월성 축제 기획 및 운영 전략	'T-SECC 모델'	실천 전략
플랫폼 구축 전략	공간 (T-Space) 차원	·현실과 가상의 경계 소멸 ·공간과 콘텐츠 융복합 ·O2O 플랫폼과 서비스 확충 ·디지털 인프라스트럭처와 데이터 분석 ·축제 유료화와 성지가 되는 오프라인
비전과 가치 전략	윤리 (T-Ethic) 차원	·인류와 미래를 생각하는 축제 ·소유에서 공유로의 가치 전환 ·축제 성장을 이끄는 진정성과 영성문화 ·공정여행 문화를 구축시키는 축제 ·사회적 가치를 실천하는 축제시민과 축제 일상화
콘텐츠 전략	연결 (T-Contact) 차원	·축제시민 디지털 호모 페스티버스의 탄생 ·스토리를 창출하는 MZ세대와의 축제 공동체 구축 ·협력하는 지역 주민과 연대하는 디지털 호모 페스티버스 ·디지로그 감성이 이끄는 축제 매력과 새로운 연결 ·동원과 연대를 실천하는 선순환 팬덤 문화
글로벌 마인드 전략	시민 (T-Citizen) 차원	·지역의 삶과 가치가 축제 브랜드로 연결 ·축제로 표현되는 디지털 시민성과 브랜딩 ·지역 콘텐츠의 재생산과 융합 ·여행성지가 되는 축제장과 지역 ·이익을 존중하고 신뢰를 주는 축제시민과 지역

O2O 플랫폼이 이끌어가는 초공간(T-Space) 축제
온·오프라인의 환상적 융합을 꿈꾸다

**현실과 가상의
경계 소멸**

축제 현실이 오프라인이라면, 가상은 온라인이다. 초월성 축제는 오프라인과 온라인의 환상적인 융합을 꿈꾼다. 그래서 공간의 이동과 초월은 둘의 경계를 허물고 있다. 온라인 축제의 등장을 단순히 언택트 개념으로 바라보아서는 안된다. 4차 산업혁명과 뉴노멀 사회에 필요한 새로운 축제 트랜드로 인식해야 하며, 온라인으로의 공간 확장은 축제의 디지털 콘택트 전략이다.

이제 전환 시대 축제는 온라인과 오프라인 경계에 서서 축제를 바라볼 것이 아니라 경계를 허물어 새로운 공간 개념에서 축제를 바라보아야 한다. 오프라인 축제가 온라인 축제로 대체될 수 없다는 시각에서 온라인 축제 자체를 부정해선 안 되는 것이다. 즉 실재성 축제의 패러다임으로 뉴노멀 사회 축제를 인정하지 않는 것은 시대 전환의 변화를 두려워하는 고루한 생각이다.

오프라인을 중심으로 생존했던 기존의 축제·관광·문화 분야에서 앞으로 펼쳐지게 될 뉴노멀 사회로의 시대전환을 위해서는 기술보다 우선해 우리의 마음가짐이 무엇보다 중요하다. 그래서 패러다임의 전환 속에 소멸되는 것을 받아들이는 개방성과 포용성의 마음가짐은 초월성 축제의 중요한 덕목이 되어야 한다. 기존의 생각을 바꾸는 것이 물론 쉽지는 않을 것이다. 그래서 2부에서는 실재성 축제 패러다임과 초월성 축제 패러다임의 충돌을 혼돈으로 이야기 하였다.

뉴노멀 사회를 이끌 새로운 축제 전략은 현실과 가상의 경계 소멸을 인정하는 축제 공간 개념에 대한 인식이 매우 중요하다. 실재성 축제 시대에도 온라인 공간은 존재했지만 초월성 축제 개념으로는 인식하지 못하였다. 단순히 홈페이지를 중심으로 축제 정보를 제공하고, 소셜 네트워크 시스템을 이용해 일시적 축제 홍보만을 하였다. 누구도 온라인에서 축제 경험을 만들 생각은 하지 못했던 것이다.

하지만 코로나19로 인한 극한 상황은 온라인 축제를 개최하게 하였고 우리는 이제 초월성 축제 시대를 열게 되었다. IT와 인터넷 강국인 대한민국은 초월성 축제로의 전환을 통해 'K-Festival'이라는 축제 한류도 만들 수 있을 것이다.

초월성 축제는 온라인과 오프라인을 구분하지 않고, 두 공간 모두에서 축제 경험을 창출하는 축제이다. 그래서 경계가 소멸된다는 개념은 현실(오프라인)과 가상(온라인), 그리고 혼합 현실(오프라인에서의 온라인)이라는 3가지 상황과 공간 창출을 의미하며 <그림 30>과 같다.

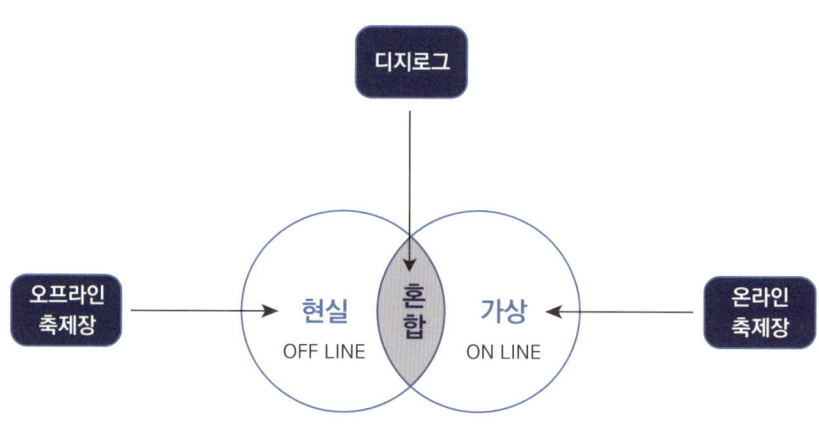

그림 30 초월성 축제 공간 개념

'현실'은 실재성 축제와 동일하게 오프라인에서 경험하는 축제이다. '가상'은 온라인을 통해 경험하는 축제로 플랫폼 기능과 콘텐츠 기능으로 크게 구분될 수 있다. 플랫폼 기능은 축제를 글로벌로 연결시키는 환경으로 볼 수 있고, 콘텐츠 기능은 온라인에서 즐기는 축제 경험으로 볼 수 있다. '혼합 현실'은 오프라인 축제장에서 디지털 기술을 활용해 오프라인 공간에서의 신체적 경험을 확대하는 '피지털' 개념으로 디지로그 콘텐츠이다.

초월성 축제의 공간 확장성은 참가자에게 축제 서비스 확충과 이용의 편리성을 플랫폼으로 제공해 주는 데 있다. 이를 위해 축제를 준비하는 주최측의 입장에서는 기존 축제 개념을 뒤집고, 온라인과 오프라인 두 개의 공간을 수시로 넘나들면서 더 많은 것들을 준비해야 한다. 당장은 힘들 수 있겠지만, 지역을 생존시키는 새로운 기회 창출로 받아들여야 한다.

**공간과 콘텐츠의
융복합**

초월성 축제가 가상공간을 개척하는 것은 콘텐츠 생산과 상호작용에 그 의미가 있다. 콘텐츠가 생산되고, 저장되지 못하면 가상공간은 플랫폼의 역할과 기능을 할 수 없고, 상호작용을 이끌지 못해 무의미해진다. 그리고 현실공간과 연결해 콘텐츠 융복합을 실현하기 위해서는 초월성 축제가 앱개발, QR코드를 비롯해 5G시대 핵심 콘텐츠인 VR(Virtual Reality, 가상현실), AR(Augmented Reality, 증강현실) MR(Mixed Reality, 혼합현실)과 미래에 등장할 신기술을 포괄하는 XR(Extended Reality, 확장현실)까지 시도해 보아야 할 것이다.

초월성 축제가 가상공간을 개척하게 되면 실재성 축제에서 실시된 공연과 체험을 넘어서는 새로운 콘텐츠가 펼쳐질 것이다. 그리고 이러한 콘텐츠들의 등장은 개인 미디어를 통해 축제의 집합 구조를 자연스럽게 해체할 것이다. 따라서 축제 서비스를 제공하는 업체들도 새롭게 전환되고 진화할 것이다. 특히, 가상공간을 창출시키는 영역의 이벤트 대행사들은 기존의 무대와 연출 시스템을 업그레이드 할 수 있는 자체 기술을 개발해야 할 것이다. 또한, 지역 관광의 패러다임도 많이 바뀔 것으로 예상되며, 이에 대비하여 더 많은 예산이 관광에 투입될 필요가 있다.

전환 시대의 관점에서 보면 코로나19는 대한민국의 미래를 앞당길 기회를 제공하였고, 뉴노멀 사회의 새로운 축제 개념과 가능성을 경험하게 하였다. 하지만, 초월성 축제의 핵심 공간은 가상이 아닌 현실임을 잊지 말아야 하며, 오프라인 속에서 아날로그 감성을 느끼는 디지로그 축제를 지향해야 한다. 가상공간은 현실공간의 대체 개념이 아닌 현실공간을 더욱 편리하고, 매력적이게 해주며, 축제가 개최되지 않는 시간에도 축제를 실감하게 해주는 영역이다.

이제 우리는 온라인과 오프라인 공간에서 새로운 시도와 경험을 만들어 초월성 축제가 추구하는 O2O 플랫폼의 환상적 융합을 찾아내야 한다.

기업들을 보면 코로나19에도 오히려 성과를 내는 영역이 있다. 오프라인에 기반을 두지만 디지털 기술을 통해 온라인에서와 같은 편리함을 제공시켜 오프라인으로 더 끌어들이는 것이다. 경영학에서는 이것을 피지털(Phigital)이라 한다. 피지털은 피지컬(신체적, Physical)과 디지털(Digital)의 합성어이다. MZ세대들은 온라인에서 활동하지만, 오프라인의 경험도 중요하게 여긴다. 그들은 오프라인에서 경험하고, 온라인을 통해 구매한다. 온라인에 한 장의 사진을 올리기 위해 오프라인 경험을 만드는 여행을 즐기는 것이다.

초월성 축제도 가상공간이나 디지털 기술을 통해 오프라인 축제와 지역을 더욱 활성화하는 것에 목적이 있다. 실재성 축제에서 오프라인만을 가지고 운영되던 방식의 한계를 극복하고, 가상공간과 디지털 기술을 활용한 새로운 방식의 참여와 상호작용이 로컬을 넘어 글로컬로 나아갈 수 있도록 하는 것이 초월성 축제의 미션이다.

초월성 축제에서는 축제 공간을 가상, 현실, 혼합으로 정리하였다. 실재성 축제가 현실공간만을 가지고 있었다면, 초월성 축제는 축제를 경험하는 공간으로 가상과 혼합이 더 추가된 것이다. 가상공간은 플랫폼과 콘텐츠 기능이며, 혼합공간은 콘텐츠 기능이다. 초월성 축제는 O2O 플랫폼을 통해 콘텐츠를 생산하게 되고, 공간과 콘텐츠의 융복합은 혼합공간의 비중을 점차 확대하게 될 것이다.

앞으로 초월성 축제가 지속가능한 성장을 하기 위해서는 플랫폼의 일상화가 실현되어야 한다. 그리고 혼합공간의 창출은 축제 기간만이 아닌 축제가 개최되지 않는 일상에도 축제를 경험하고 즐길 수 있도록 오프라인 공간에 축제 상징물과 물리적 환경을 축소해 조성하는 것이 필요하다. 이 공간은 플랫폼 일상화의 상징적 공간으로 존속되는 것이다.

디지털 호모 페스티버스들이 온라인과 오프라인을 자유롭게 넘나들 수 있는 환경을 제공해 초월성 축제 생태계가 구축될 수 있도록 해야 한다. 축제의 일반 참가자인 관광객과 축제의 팬클럽인 팬덤이 지역 주민과 소통할 수 있는 공간을 창출하는 플랫폼이 되어야 하며, 이 공간을 통해 축제 참가자들 상호간의 교류를 이끌어 낼 수 있어야한다.

이것이 바로 초월성 축제의 콘텐츠 생산과 상호작용이다. 그래서 축제 관계자는 축제의 비전과 목적이 관광객, 팬덤, 지역 주민에게 공유되도록 하고 플랫폼의 가치를 창출시키는 서포터가 되어 축제 플랫폼이 잘 실현될 수 있도록 해야 한다.

초월성 축제의 플랫폼 가치는 O2O 플랫폼 속에서 관광객, 지역 주민, 팬덤, 관계자가 상시적으로 소통을 하고, 축제를 통해 연대와 협력의 문화를 구축시켜 행복과 공익이 실천되는 경험을 만드는 것이다.

그리고 O2O 플랫폼의 가치를 만드는 전략이 바로 'T-SECC모델' 실천 전략이다. 초월성 축제의 O2O 플랫폼 가치 생산 모형을 정리하면 <그림 31>과 같다.

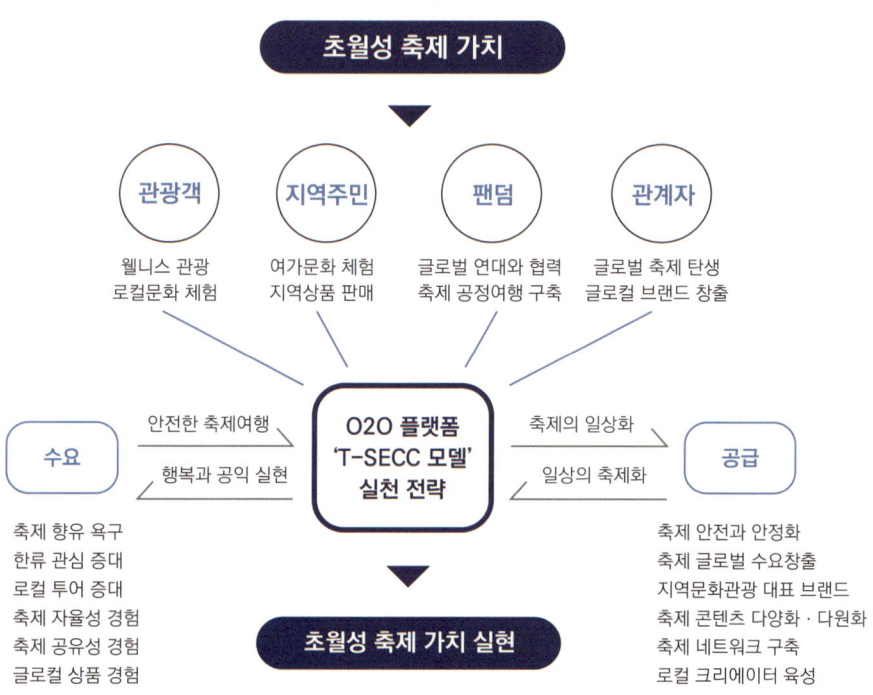

그림 31 초월성 축제 O2O 플랫폼 가치 생산 모형

O2O 플랫폼과 서비스 확충

초월성 축제는 온라인 공간에서 콘텐츠 생산과 상호작용이 오프라인 축제와 해당 지역에 집중될 수 있도록 O2O 플랫폼 구축을 기본 전략으로 하고 있다. 그러기 위해 오프라인 축제는 실재성 축제와 동일하게 비일상 축제의 시공간을 열고 닫는 개념이지만, 온라인 축제의 시공간은 축제의 일상화를 이루어내는 개념이다.

그동안 실재성 축제에서 온라인 홈페이지는 축제 기간을 중심으로 반짝 운영되었으며, 1년에 한 번 축제 개최 시점에 정보가 업데이트되었다. SNS 채널 또한 축제 기간만 운영되었고, 대부분 자체 운영보다는 대행으로 운영되었다. 즉, 축제 시작 전과 축제 기간에만 운영되었다.

초월성 축제는 온라인과 오프라인의 연결과 융합을 일상의 축제화와 축제의 일상화로 설명할 수 있다. 축제 개최 기간인 일상의 축제화 시기에는 온라인 공간에서 세계적 연결을 시도하며, 축제에 참가하지 못하는 디지털 호모 페스티버스들을 위로하고, 그들이 축제를 경험할 수 있도록 디지털 콘택트를 운영해야 한다. 오프라인 축제는 주최측이 실시간 중계하는 것과 더불어 오프라인 참가자들의 실시간 경험을 공유하도록 해야 한다.

축제의 핫 이슈들은 영상 및 카드 뉴스로 제작되고, 온라인 참가자들은 오프라인 축제 참가자들을 부러워하며, 오프라인 참가자들을 통해 축제와의 상호작용에 더욱 노력하게 될 것이다.

축제가 개최되지 않는 축제의 일상화 시기에는 기존과는 달리 오프라인 축제장은 사라지는 개념이 아닌 상징적 공간을 남겨 두어 365일 존속시키는 것이 필요하다. 2017년 여름 양양 서피비치에는 코로나 맥주가 후원하는 썬셋페스티벌이 개최되었다. 2016년에는 사전 축제를 개최하였는데, 축제가 끝나고 타 축제와는 달리 시설물을 존속시켜 쉼터와 경관 콘텐츠로 이용되도록 하여 해변에서 축제를 느낄 수 있도록 하였다.

즉 축제 기간이 아닐 때 비치를 방문한 관광객들에게 축제 시설물은 포토 콘텐츠가 되었다. 방문객들은 그곳에서 사진을 찍고, 해변에서 쉬면서 SNS에 사진을 올렸고, 온라인에서 축제 현장을 검색한 사람들이 축제를 간접 체험하게 했다. 축제 기간이 아닐 때에도 자연스럽게 온라인을 통해 축제를 느낀 것이다.

그리고 오프라인 축제장을 온라인으로 연결해 축제가 아닌 기간에도 지인들이 함께 축제를 느끼게 하였다. 관광객들의 체류 시간은 증가했고, 자연스럽게 서퍼들의 쉼터로도 이용되었다.

초월성 축제의 O2O 플랫폼 전략은 온라인을 통한 축제 일상화 전략으로 축제 기간이 아니더라도 오프라인 축제장과 지역으로 디지털 호모 페스티버스들이 방문하도록 이끄는 것을 매우 중요하게 본다. 이들의 여행은 온라인을 통해 다시 오프라인 공간을 온라인으로 연결하는 것으로 축제 시간에 제한을 두지 않아 축제 기간이 아니더라도 방문할 수 있도록 하는 것이다. 이러한 순환은 실재성 축제에서 꿈꿨던 장소 마케팅 전략을 더 빠르게 실천하는 것으로 볼 수 있다.

성공하는 축제의 상당수는 전용 축제장을 구축하고, 테마파크화해 유료화로 상설 운영하고 있다. 그러므로 초월성 축제도 온라인 공간의 플랫폼 기능과 콘텐츠 생산의 일상화를 위해 노력하는 것이 매우 중요하다.

1차적으로는 콘텐츠 생산자인 지역 주민의 역할이 중요하기 때문에 O2O 플랫폼은 지역 주민이 동참할 수 있는 커뮤니티 프로그램의 개발이 필요하다. 2차적으로는 타지역에서 온 팬덤과 관광객이 지역 주민과 상호작용하고, 대한민국 국민과 전 세계 디지털 호모 페스티버스와 상호작용할 수 있도록 하는 이벤트 기획 등도 필요하다.

하지만, 초월성 축제는 플랫폼 구축과 더불어 축제 생태계를 구축시키는 것이 궁극적 목표이기 때문에 주최측보다 참가자들이 공간의 주인이 될 수 있도록 해야 하며, 이 모든 것을 현실화하기 위해서는 초월성 축제의 팬덤 문화 구축에 전략적 기획이 필요하다. 그리고 공간 운영 전략을 위해서는 옴니채널(Omni-Channel) 전략을 실시해야 한다. 옴니채널은 오프라인, 온라인, 모바일, TV 등 다양한 채널을 넘나들며, 상품을 조회하고, 구매할 수 있도록 하는 서비스로 여러 채널을 이용하더라도 통합된 메시지를 전달하며 고객 경험을 극대화하는 것이 특징인 전략이다.

우리는 온라인 축제 개척의 의미를 축제 기간에만 사용하는 멀티 채널 중 하나로 인식해서는 안 된다. 초월성 축제는 온라인과 오프라인을 통합해 일관된 메시지를 전달하여 일상에서의 축제 경험을 만드는 것이 목적이다. 단순 참가자 개념을 넘어 팬덤을 구축하고, 일상에서 공간을 초월해 팬덤과의 상시적 접점 순간을 만드는 것이 필요하다. 개인의 행복과 인류의 공익 가치를 실천하는 초월성 축제의 철학과 비전은 실재성 축제에서 바라보는 참가자 개념과는 다르다.

초월성 축제 가치 생산모형에서도 축제의 일상화와 일상의 축제화를 통해 지역 축제가 글로벌 축제로 탄생하고, 로컬 브랜드가 글로벌 브랜드로 진출하는 것으로 설명하고 있다. 결국, 초월성 축제 O2O 플랫폼에서 팬덤, 관광객, 지역 주민 각각의 가치가 생태계를 구축하고 실현된다면 축제 관계자인 주최측과 이해관계자들의 가치도 시나브로 이루어지게 될 것이다.

그림 32 양양코로나 선셋페스티벌 축제 전과 후

만약, 코로나19와 같이 질병이나 자연재해 등이 발생하면 실재성 축제의 경우 취소되지만, 초월성 축제에서는 O2O 플랫폼의 상시적 운영 때문에 취소되지 않는다. 외부 상황의 수준을 진단해 축제 공간 운영을 O2O 플랫폼에서 탄력적으로 하면 된다.

어떠한 상황에서도 뉴노멀 시대 초월성 축제는 취소되지 않을 것이다. 그리고 2020년 대한민국 온라인 축제처럼 오프라인을 미개최하거나 폐쇄하고 온라인만 운영하지도 않는다. 초월성 축제에서 오프라인은 수용할 수 있는 범위 내에서 축제 규모와 운영 방식을 결정해 존속시키는 것이 원칙이다.

초월성 축제에서 오프라인 축제는 상징적 공간 즉, 성지의 개념이기 때문이다. 온라인 공간에서의 축제 비중이 90%라 하더라도 오프라인에 상징적 공간이 존재하기 때문에 축제로 인정받는 것이다. 그러므로 오프라인 축제장의 가치는 더 증대되고, 집중될 것이다.

이러한 초월성 축제의 O2O 플랫폼 개념을 정리하면 <그림 33>과 같다.

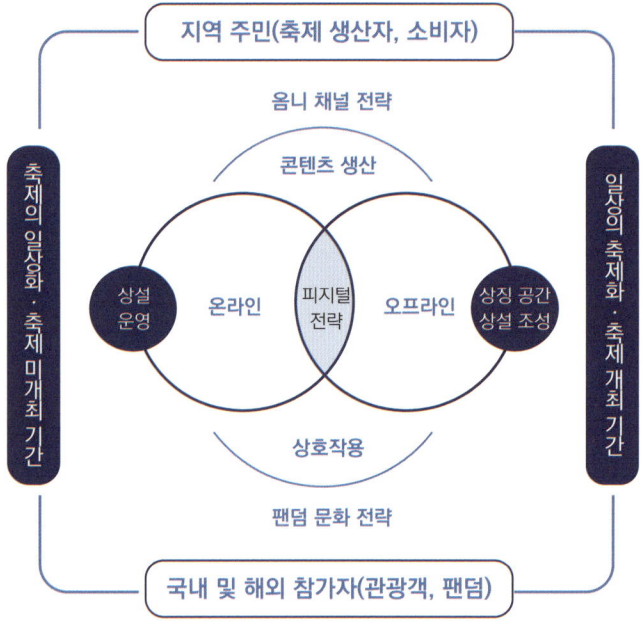

그림 33 초월성 축제 O2O 플랫폼 개념

디지털 인프라스트럭처와
데이터 분석

　　　　초월성 축제는 기존 실재성 축제에 온라인과 디지털이 결합한 축제이다. 많은 기업들이 오프라인 기반 위에 온라인과 디지털 트랜스포메이션을 추구하지만 대다수가 실패하고 있다. 실패의 원인은 여러 가지일 수 있지만 확실한 것은 효율성과 효과성이 나타나지 않았다는 것이다. 효율성은 목표를 이루기 위해 그 과정이 경제적인 것인가에 대한 개념이며, 효과성은 목표를 달성하여 원하는 결과를 얻었는가에 대한 개념이다.

2020년 가을 대한민국에 비대면 온라인 축제가 갑자기 증가하였고, 이들은 온라인 축제에서 효과성을 경험하였다. 이를 지켜본 많은 축제들은 실시 유무를 떠나 2021년 온라인 축제 개최를 검토하고 있다. 그런데 온라인 축제에 대한 부정적 의견도 강하다. 바로, 효율성 문제 때문이다. 코로나19 이전 대면 축제에서는 많은 관광객이 지역을 방문해 돈을 썼기 때문에 축제 개최로 인한 경제적 효과를 실감할 수 있었다.

반면에, 비대면 온라인 축제는 같은 예산을 지출하고도 지역 실물경제에 미친 효과를 체감할 수 없었다. 그래서 각 지자체 단체장들은 '축제를 취소하고, 차라리 그 예산으로 재난지원금으로 나눠주어 지역 경제를 살려야 한다'는 주장에 반론을 제기하기 힘들었을 것이다.

그렇다면 온라인 축제 운영은 과연 무엇이 문제였을까? 2020년 온라인 축제는 퍼주기식 축제 운영이었다. 공짜와 할인에 지역 주민과 타 지역 주민들은 반응을 보였고, 주최측은 그 반응을 성과로 제시하였다. 우리는 이러한 현상을 어떻게 해석하고 받아들여야 할 것인가?

4차 산업혁명과 디지털 기술은 우리 사회가 받아들여야 할 숙명이다. 코로나19는 단지 그 시기를 앞당긴 것이다. 뉴노멀 사회가 도래하면 축제는 경쟁 구조 속에서 온라인과 디지털을 적용한 트랜스포메이션을 할 수밖에 없다. 그렇기 때문에 온라인으로의 축제 공간 확장은 O2O 플랫폼을 기본 개념으로 이해해야 한다.

그리고 축제의 미래가치 창출을 위해서는 오프라인에 온라인과 디지털 인프라스트럭처(Infrastructure)를 함께 바라 볼 필요가 있다. 즉, 플랫폼 서비스와 디지털 기술을 적용하기 위한 환경 구축도 하지 않고, 축제 성과를 기대해서는 안 된다.

앞으로 초월성 축제는 디지털과 결합한 온라인과 오프라인 인프라 구축에 많은 예산을 투입해야 한다. 그런데 2020년 대한민국 온라인 축제는 그런 환경 구축이 없는 원시적 개념의 축제였다. 온라인과 디지털 트랜스포메이션은 축제가 디지털과 함께 운영되고 관리되는 것으로 축제와 관광객의 행위에 축제의 매력이 더해지도록 디지로 그 환경을 구축해야 한다. 그리고 그 결과를 데이터로 남겨, 축제가 끝난 후에는 이 데이터를 분석해 효율성과 효과성의 가치를 기존보다 더욱 극대화해야 한다. 그렇기 때문에 초월성 축제는 팬덤 문화와 옴니채널을 기반으로 O2O 플랫폼의 상설 운영과 시스템 구축을 요구한다. 온라인과 디지털 인프라 구축에 투자 가치를 부여하기 위해서는 일상에서의 가치 창출도 반드시 이루어져야 한다. 만약, 초월성 축제가 O2O 플랫폼 생태계를 구축하지 못한다면 온라인은 단순히 마케팅 공간으로 전락하여 실재성 축제로 회귀할 것이다.

2020년 대한민국 온라인 축제는 오프라인과 연계 없이 플랫폼이 아닌 채널의 기능만으로 온라인 공간을 개척한 수준이다. 2021년은 초월성 축제 O2O 플랫폼 개념과 가치 생산 모형을 분석해 단계적인 실천을 준비해야 한다. 그렇지 못한 축제들은 코로나19 종식과 함께 축제 경쟁력을 잃게 될 수도 있다. 축제가 온라인 공간을 개척한 근본 이유는 마케팅에 있는 것이 아니라 축제 운영과 서비스의 새로운 가치인 플랫폼에 있는 것이다.

초월성 축제는 O2O 플랫폼을 구축하기 위해서 온라인과 디지털 인프라로 축제 앱 개발은 필수적이다. 축제의 일상화는 옴니채널 전략으로 휴대폰, PC, 오프라인 어디서든지 축제를 경험할 환경이 구축되어야 한다. 하지만, 앱이 사용자의 가치와 환경을 간과해 제작된다면 무용지물일 수밖에 없다. 각 지자체에서 관광지 앱을 만들었지만 제대로 활용되지 못하고 있는 것을 보면 알 수 있다.

초월성 축제는 온라인 공간에서 축제의 다양한 콘텐츠를 저장시킬 것이다. 앞으로는 아바타(Avatar)를 통해 XR(확장현실)을 만들어 오프라인의 몰입감과 상호작용을 온라인에서도 구현해 유료화 콘텐츠도 일상에서 생산해 낼 수 있을 것이다. 축제 기간에는 디지털 기술이 오프라인 축제장에서 AR(증강현실)과 VR(가상현실)을 넘어 MR(혼합현실) 콘텐츠를 제작해 분산과 디지로그 감성을 이끌고, 시공간을 넘나드는 축제로 진화와 발전을 할 것이다.

축제 일상화를 위해 축제 앱은 기능과 콘텐츠가 중요할 것으로 판단된다. 홈페이지 수준의 앱은 플랫폼의 기능을 할 수 없다. 우리는 초월성 축제 플랫폼 생산 모델에서 관광객, 지역 주민, 팬덤, 관계자의 플랫폼 가치를 정리하였다. 이들의 네트워크와 플랫폼을 통한 가치 실현이 이루어질 때 축제 플랫폼 생태계는 구축되고, 플랫폼으로서 기능을 하게 될 것이다.

초월성 축제 플랫폼은 단순히 축제만을 위한 플랫폼이 아니라 축제와 직·간접적으로 연결된 지역의 음식, 숙박, 공연, 예술가, 관광지 등 다양한 테마와 콘텐츠 생산이 상호간에 연결되고, 세계적인 공유가 이루어질 수 있어야 한다. 결국 축제 앱은 지역 문화관광 플랫폼이 되어야 하며, 앱에서 매일 생성되는 콘텐츠는 페이스북, 트위터, 인스타그램, 블로그, 홈페이지, 유튜브 등 다양한 채널에 일관된 메시지를 전달하며, 실시간 어디서든지 축제와 지역을 경험할 수 있도록 해야 한다. 이러한 업무는 초기에 축제 운영을 담당하고 있는 행정 및 재단의 역할일 수 있지만 점진적으로 민간으로 이앙시키는 것이 필요하다.

축제 TV 등 영상 콘텐츠 생산에 있어서도 대행의 개념이 아니라 직접 제작할 수 있는 상설 인력과 장비를 갖추어야 한다. 현실적으로 축제만을 가지고 구성하기에는 설득력이 부족할 수 있다. 그래서 초월성 축제의 인프라 구축은 지역의 문화관광 통합 플랫폼 개념으로 확장해서 바라보아야 한다.

로컬이 축제를 통해 글로벌로 나아가기 위한 연결 테마로는 공생·행복·공익의 철학이 있어야 하며, 실천 연대로는 지역과 외부가 협력한 축제시민과 그 속의 팬덤 공동체가 있다. 그리고 이를 위한 인프라 구축은 축제를 통해 생성될 많은 데이터의 빅데이터화와 보존, 동영상 스트리밍과 영상회의, 온라인 교육 등 업무량과 예산을 고려해 볼 때 대행을 맡기기에는 규모가 크므로 지역 차원에서 보면 직접 운영을 하는 것이 효율성과 효과성의 극대화를 이룰 수 있다.

최근 들어 정규 방송국의 기능이 많이 약화되면서 유튜브 등을 통한 사설 방송국 드라마가 제작되고, 인기를 주도하는 시대가 되었다. 그러므로 초월성 축제 역시 디지털 인프라는 대량의 데이터가 저장되고 네트워킹이 되는 디지털 환경을 비롯해 지역 차원에서 문화관광을 통합시킨 디지털 인프라와 풍부한 데이터를 네트워킹할 수 있는 통신 환경 인프라를 함께 구축시켜야 한다. 실재성 축제보다 중간지원 조직과 시민의 역할이 더욱 중요해지고, 각 지자체의 마을 방송국이나 영상 미디어 센터는 그 기능이 더욱 강화되어 축제를 비롯한 지역 문화관광을 위한 지자체 방송국으로 운영되어야 한다.

초월성 축제가 거버넌스 체계 구축과 지역 주민 역량 강화를 비롯해 순수 민간 주도형 축제로 나아가기 위한 방향과 방법은 실재성 축제와는 달리 온라인 공간 활용 및 미디어의 제작과 디지털 기술의 운영에 대한 지역 주민 연계가 새롭게 고민되어져야 한다. 이처럼 축제 온라인과 디지털 인프라 구축의 필요성과 당위성은 지역 차원에서 인식되어야 하며, 예산 절감의 효율성과 경제 효과 극대화를 동시에 실현시킬 수 있다는 논리가 뒷받침되어야 한다.

초월성 축제의 기획과 운영에 있어서도 관광객, 지역 주민, 팬덤, 관계자의 데이터를 분석해 패턴을 발견하고, 플랫폼 기능을 더욱 강화시키는데 O2O 플랫폼과 빅데이터가 활용되어야 한다. 초월성 축제에서 데이터 분석은 축제의 지속 가능한 성장을 이끄는데 큰 역할을 할 것으로 보여진다. 또한 축제 자체가 데이터를 확보하고 분석하는 인프라 환경을 갖추는 것에 큰 의미를 두어야 한다.

축제 평가에 있어서도 데이터 분석은 매우 중요한 의미를 가진다. 평가를 통한 피드백은 개별화를 가능하게 해 관광객, 지역 주민, 팬덤, 관계자들과도 지속적인 네트워크와 상호작용을 이끌어 낼 수 있다. 이제, 초월성 축제 시대를 맞이하여 축제를 새로운 시각에서 새로운 접근으로 바라보는 생각의 전환이 중차대한 시대가 되었다.

축제 유료화와
성지가 되는 오프라인

실재성 축제는 저가의 관광 상품이다. 그리고 공공재적 성격이 강해 공간은 오픈되고, 무료 성격이 강하다. 그래서 중앙정부는 축제 지속 가능성을 위해 재정 자립화와 이를 위한 조직의 출범을 요구하고 있다. 최근 지자체는 축제의 유료화 전환과 재단 설립에 노력하고 있지만, 무료를 유료로 전환하는 것에 대해 지역 주민의 거부반응을 살피며 눈치만 보고 있는 것이 현실이다. 반면에 관광객의 입장에서는 대다수가 질 높은 축제를 원하고 있으므로, 축제의 유료화 전환에 크게 반발하지 않는 추세이다.

이에 지역축제들은 무료로 제공되던 것을 지역 화폐 교환 방식으로 연계해 유료화로 전환하고, 동시에 지역 경제 활성화를 추구하는 방식을 선호하고 있다.

초월성 축제는 온라인을 통한 디지털 환경과 콘텐츠 연계를 통해 축제 서비스 품질을 높일 수 있다. 축제를 저가의 관광상품 개념으로 판매하려는 인식은 사라져야 한다. 많은 인원보다는 적정 인원을 수용하고, 질 높은 서비스를 창출하기 위한 체질 개선을 해야 한다. 위드 코로나 시대 축제는 움츠러드는 것이 아니라 축제 유료화로 체질을 개선하는 것에 공격적으로 도전해야 한다. 실재성 축제보다 더 높은 경제효과를 창출시키는 기회로 축제 전환을 시도하는 것이 필요하다.

축제의 유료화는 크게 3가지 방식이 있다. 첫째는 축제장 진입 시 입장권을 받는 것으로 유료 관광지의 일반적 유형이다. 둘째는 입장은 무료지만 프로그램에 있어 유료 프로그램을 이용해 선택적 기회를 방문자에게 제공하는 것이다. 실재성 축제에서는 이 방식이 일반적 유형이다. 셋째는 축제장 진입 시 입장권도 받고, 유료 프로그램도 운영하는 방식으로 테마파크의 일반적 유형이다.

초월성 축제에서는 축제가 더 이상 멈추지 않아야 한다는 것을 전제한다. 축제의 온라인 공간 개척과 온라인 축제 경험 만들기는 뉴노멀 시대를 대비해 새로운 축제 방향성을 열었다는 것에 큰 의미가 있다. 초월성 축제는 새로운 팬데믹이 오더라도 오프라인 축제의 유료화와 제한이 허용되는 범위에서 축제장 운영을 원칙으로 해야 한다.

온라인 공간에서의 축제 경험은 오프라인 축제의 규모성에 상관없이 축제의 희소적 가치를 창출할 것이다. 가상공간에서의 축제 경험은 실재공간인 오프라인 축제장과 그곳에서의 현장 경험의 충성도를 더욱 높여줄 것이고, 축제 이후 지역 관광 욕구로까지 이어질 것이다. 온라인 공간에서의 축제 경험을 부정해서는 안 되는 이유는 실재성 축제보다 초월성 축제가 오프라인에서의 축제 가치를 더 크게 할 수 있기 때문이다. 온라인 공간에서의 축제 경험은 온라인을 통해 전 세계 지역을 연결하고, 글로컬 브랜드와 여행 성지 개념을 창출시키는 전략으로 활용할 수 있다. 즉, 온라인으로 인해 오프라인이 더욱 집중되는 현상을 만들 것으로 예상된다. 초월성 축제가 디지로그 축제를 지향하고, 팬덤 문화를 구축해야 하는 것도 이러한 이유에서이다.

실재성 축제와 마찬가지로 초월성 축제도 인간 본연의 감성과 욕구 충족을 오프라인 축제의 핵심 가치로 보고 있다. 그래서 비대면이 실시되더라도 경제적 가치는 온라인보다 오프라인에서 찾는 것에 집중해야 한다. 하지만, 시간이 지나면 온라인에서도 경제적 부상이 가능할 것으로 본다. 그리고 오프라인 축제장에는 디지로그 감성 콘텐츠가 증가할 것이기 때문에 그 대가를 유료화로 당당히 요구해야 한다. 그래서 초월성 축제는 콘텐츠만이 아닌 공간과 장소감 연출에 디지털 기술 활용과 인프라 구축을 시도해야 하며, 특히 야간에 오프라인 축제가 더욱 집중될 수 있도록 해야 한다.

그리고 초월성 축제 유료화는 테마파크 방식으로 전환해야 한다. 축제장의 동선과 인원을 통제할 수 있는 안전한 환경구축과 축제 유료화를 동시에 추구해야 하기 때문이다. 코로나19가 종식되고, 또 다른 펜데믹이 오더라도 앞으로의 축제는 취소되지 않고, 상황에 따라 오프라인 축제장의 규모와 수용력을 조정하며 탄력적으로 운영하는 체계를 갖출 수 있어야 한다. 퍼레이드 등은 거리 개념이 아닌 축제장 내에서 이루어지고, 축제장의 물리적 환경 구축과 콘텐츠 개발은 온전히 축제장에 집중되게 함으로써 명소화를 이루어내야 한다.

결국, 전용 축제장 구축과 장소마케팅 전략은 실재성 축제보다 초월성 축제에서 더욱 중요해진 전략이다. 단계적으로 시설물들의 고정화를 통해 고정비용을 절감시키고, 디지털 기술 실현의 최적화 환경을 상설화로 이끌어 가야 한다. 그래서 축제가 끝난 상황에서도 온라인을 통한 축제의 일상화 전략이 오프라인 축제장을 연결하여 지역의 사계절 관광을 이끌어 낼 수 있는 가능성을 확대해야 한다.

전용 축제장에는 상설 기념관도 조성시켜 아카이빙된 축제의 역사를 언제든지 볼 수 있어야 한다. 기념관은 지역 주민이 운영하며 지역 관광 정보를 제공하는 안내소, 로컬 메이커스들의 작업실과 상품 판매소, 카페, 게스트 하우스, 사무국 등 복합공간으로 조성해 공간의 가치와 활용성을 높여야 한다. 사전 예약으로 신청하면 축제의 주요 프로그램을 미니 버전으로 체험할 수 있다. 즉, 관광객과 지역 주민이 교류하는 제3의 공간으로 활성화할 수 있는 것이다.

일본 도쿠시마현에서 매년 8월에 개최되는 아와오도리 축제는 아와오도리 회관을 운영하고 있으며 축제 이후에도 이 회관을 상설 운영하여 축제의 일상화를 실현하고 있다. 초월성 축제는 아와오도리 회관을 넘어서는 개념으로 지역의 문화 복합 공간 조성을 축제 테마로 정하고, 전용 축제장을 구축하는 것이 필요하다.

대한민국의 각 지자체들이 조성하는 문화복합공간이나 로컬 크리에이터 양성 센터들은 교류보다는 생산자 중심의 패러다임으로 공간이 설계되어 운영되고 있다. 문화 인력과 창업자들의 비지니스 공간으로 기능이 맞추어져 있어 공간 활성화에 한계가 있다. 따라서 지역 관광과의 결합을 통해 방문자와 지역 문화 인력이나 생산자를 연결시키고 자연스럽게 시장을 형성시키는 생태계 구축을 고민해야 한다.

초월성 축제에서 축제의 일상화가 시민에 의해 이루어지는 방식은 공간의 기능성과 장소 구축을 통해 실현될 수 있도록 해야 한다. 그러기 위해서는 전용 축제장을 지역 문화관광의 거점 센터로 조성시켜야 한다.

그림 34 일본, 아와오도리 회관

공익과 행복을 실천하는 초윤리(T-Ethic) 축제
축제도 선한 영향력을 생각한다

**인류와 미래를
생각하는 축제**

축제는 인간과 함께 인류를 위해 존재했다. 공동체를 유지하기 위한 사회적 가치 실현에서 지역을 살리기 위한 경제적 가치까지 실재성 축제는 지역 중심의 사고에서 실시되었다. 하지만 인류는 2020년 팬데믹을 통해 세계가 하나로 연결되어 있다는 사실을 깨달았다. 나아가 인류를 지키기 위한 연대 공동체의 필요성을 공감하게 되었다. 따라서 초월성 축제는 공생성과 행복성을 축제 비전과 가치 전략으로 실천해야 한다.

이제는 각 축제마다 단순히 지역을 알리고, 판매하려는 목적을 뒤로하고, 축제가 인류와 미래사회를 위해 무엇을 실천할 수 있는지를 고민해야 한다. 그러기 위해서는 축제 기획과 운영이 지역 사회를 중심으로 실천이 될지라도 인류가 당면한 사회적 문제를 지역의 문제로 인식하고 축제로 끌어들이는 것이 필요하다. 즉, 지역과 세계를 연결하는 중요한 가치는 보다 더 나은 미래를 만드는데 축제가 동참하는 것이다.

O2O 플랫폼은 축제를 통해 지역과 세계를 연결할 수 있는 환경이기 때문에 글로벌 축제로 성장 할 수 있음을 보여주는 키워드이다.

하지만 축제가 인류의 삶과 공동 번영을 축제 비전으로 제시하지 못하고, 지역 경제 활성화만을 목적으로 한다면, 세계적 연결과 상호작용은 발생하기 힘들 것이다. 글로벌 축제로 도약하고, 지역이 축제를 통해 글로컬 브랜드를 창출하고자 한다면 지역 이기주의에 편승한 실재성 축제의 패러다임으로 축제를 기획하고 운영해서는 안 된다.

실재성 축제에서 글로벌로 나아가기 위한 방법은 축제 소재를 중심으로 유사 축제나 도시와의 네트워크 구축이었다. 초월성 축제는 온라인 공간 개척을 통해 지역이 직접 세계인들과 소통할 수 있게 한다. 지역과 지역의 연결 및 교류 개념을 뛰어 넘어 이제는 지역과 세계인의 연결, 소통과 상호작용, 공감과 공유가 실시간으로 이루어지는 환경을 구축하는 것이다. 이제 세계인들이 축제에 주목해야 하는 이유는 콘텐츠가 아니라 축제가 지향하는 인류 공영의 비전과 가치가 얼마나 실천되는가에 있다.

현대자동차는 자동차를 팔지만, 브랜드 비전은 '인류를 위한 진보(Progress For Humanity)'이다. 2020년 9월에는 지속가능한 미래사회 구현을 위해 UNDP(유엔개발계획 : UN Development Programme)와 협약을 체결하고, 'For Tomorrow' 프로젝트를 실시하고 있다. 'For Tomorrow' 프로젝트는 교통, 주거, 환경 등 오늘날 글로벌 사회가 직면한 문제를 해결하고 더 나은 내일을 만들기 위해 전 세계 각계 구성원들의 집단 지성을 모아 솔루션을 도출하고 이를 현실화하는 '크라우드 소싱' 방식의 캠페인이다.

이것은 MZ세대들에게 현대자동차에 대한 관심과 긍정적 이미지를 갖게 할 것이다. 이를 통해 현대자동차는 인류 공영에 이바지하면서 더 나아가 자동차 구매까지 연결하려는 전략을 추구하고 있다.

초월성 축제가 기존의 축제를 글로벌로 육성시키기 위한 노력도 이와 같다고 생각한다. 축제의 수준을 높이는 것은 축제가 무엇을 추구하는지에 대한 눈높이이다. 이를 위해 실재성 축제와 초월성 축제의 비전 체계를 비교하면 <표 7>과 같다.

표 7 | 실재성 축제와 초월성 축제 비전 체계 비교

구분	실재성 축제		초월성 축제
	전통적 축제	현대적 축제	
축제 미션	공동체 유지	여가 소비와 경제효과	글로벌 축제 도약
축제 비전	제의와 일상 전복	일탈과 비일상 유희	공생과 행복
축제 가치	지역의 사회적 가치	지역의 경제적 가치	인류의 사회적 가치
축제 전략	지역 주민 중심 축제	관광객 중심 축제	O2O 플랫폼 중심 축제
축제 범위	주민 이동이 중심	국민 이동이 중심	세계적 연대가 중심

대한민국 축제는 2021년부터 초월성 축제로의 전환을 시작하는 해가 되어야 한다. 단순히, 온라인과 오프라인 동시 개최에 만족해서는 안 된다. O2O 플랫폼 속에 어떠한 환경이 존재하는지에 대한 공간 인식과 미래를 내다보는 통찰력을 갖추고 있어야 한다.

초월성 축제로의 전환은 한 번에 이루어지는 것이 아니다. 축제를 바라보는 인식과 생각의 전환에서부터 시작해야 한다. 즉 패러다임의 전환이 필요하며, 초월성 축제의 초윤리가 바로 이것을 의미한다. 그리고 단계적인 접근을 통해 나아가는 것도 전략이므로 축제는 초윤리의 경험을 점진적으로 창출해야 한다.

오늘날 인류는 인간 중심의 경제 성장으로 인한 문제점을 해결하고 지속 가능한 발전을 위해 세계가 연대하고 있으며, 정부뿐만 아니라 기업과 도시 그리고 개인들도 동참하고 있다.

따라서 축제는 동물, 식물, 물, 대지 등 자연을 보호하는 철학을 담아야 하며 탄소배출, 재활용, 음식물 쓰레기 등 환경을 보존하는데 동참해야 한다. 또한 축제 수익의 일부를 사회에 환원하는 실천도 해야 한다. 그리고 행복의 기준은 개인뿐만 아니라 개인과 사회가 함께 고려되어야 한다. 시민 사회 단체와 연대 역시 노동력을 제공하는 자원봉사에 한정하지 않고 축제를 통해 사회적 가치를 실현하는 연대의 플랫폼이 되도록 해야 한다.

2021년부터 대한민국 축제 기획과 운영은 초월성 축제에 대한 개념과 이해를 바탕으로 실재성 축제 패러다임을 전환해 축제 비전 체계에 윤리를 새롭게 담아내야 한다.

소유에서 공유로의
가치 전환

　　　　　　　축제는 소유의 대상이 아닌 공유의 대상이다. 하지만 대한민국에서 기존의 축제는 소유의 대상이었다. 관 주도형 축제들은 단체장에 따라 축제가 사라지고 생겨나기를 반복하고 있다. 민간주도형 축제들도 축제위원장을 중심으로 축제를 사유화하려는 경향을 보이고 있다. 지역 주민들도 축제 예산을 더 많이 받고자 정치력을 동원하고, 의원들도 축제 운영에 영향력을 행사하고 있다. 행정과 지역 주민, 행정과 의회, 지역 주민과 지역 주민 간에 축제 이해관계와 이권 개입을 놓고, 갈등이 나타나는 사례도 많다. 이것은 모두 축제를 소유하려는 인식에서 비롯된 결과이다.

　　초월성 축제는 개인이나 지역의 이기적 소유가 아니라 세계인이 함께 공유를 실천하는 축제이다. 축제 기획을 비롯해 운영과 서비스 등 모든 것에 세계와 지역의 지속가능한 발전을 우선순위에 두고 함께 협의하고, 그 실천에 시민들이 동참하도록 하는 공유 시스템을 갖추어야 한다. 동원의 개념을 버리고, 시민과의 연대 그리고 세계와의 연대를 통해 축제를 내 것이 아닌 우리 모두의 것으로 공유한다는 생각을 가져야 한다. 소유 패러다임을 버리고 공유 패러다임을 실천할수록 축제는 글로벌화를 앞당길 수 있을 것이다.

소유의 패러다임을 버리기 위해서 행정은 경제적 효과보다는 사회적 효과를 우선시하는 패러다임을 가져야 한다. 예산을 지원하면서 중간지원 조직을 통해 축제가 지역 주민들 삶의 일부가 될 수 있도록 해야 한다. 초월성 축제에서 경제적 효과는 부수적인 것이지, 그것이 일차적 목적이 되어서는 안 된다. 디지털 호모 페스티버스들은 축제를 통해 지역과 인류의 사회적 가치를 실천하는 축제를 응원하고, 동참하는 모습을 보일 것이다.

그리고 온라인 공간은 그러한 실천이 전 세계적으로 연결되는 연대의 플랫폼이 될 것이다. 디지털 호모 페스티버스들은 축제 주최측이 짜놓은 판에 이끌려 가기보다 능동적이고 주도적인 참여를 할 것이다. 지역 주민처럼 축제를 사랑하는 호모 페스티버스들이 등장할 것이며, 이들을 통해 축제의 가치 실천은 세계적으로 확산할 수 있다.

주최측이 이들을 대우하고, 상시적 소통과 상호작용하는 노력을 해야 하는 이유는 그것이 공유의 패러다임을 실천하는 것이기 때문이다. 그러면 디지털 호모 페스티버스들은 축제의 일상화를 온라인에서 실천하고, 일상의 축제화를 위해서 노력할 것이다. 이들이 곧 축제에 팬심을 갖는 팬클럽이다.

이제 축제 운영 방식도 전환되어야 한다. 지역적 사고에 의존하여 세계를 바라본다면 글로벌 축제로 나아 갈 수 없다. 그러나 주민들의 사고는 지극히 편협한 것이 현실이며 그것은 관행적으로 그렇게 살아왔기 때문이다. 우리는 지금까지 해 온 관행을 타파하고, 열린 사고로 축제를 바라보아야 한다.

따라서 축제의 공유적 패러다임을 형성시켜 줄 수 있는 글로벌 축제 교육이 이루어져야 한다. 축제 전문가들이 축제 기획 및 운영의 공유 패러다임을 이해하지 못한다면 초월성 축제 시대에 역행하는 자문이나 컨설팅을 하게 될 것이다. 어느 때보다도 전문가들이 통찰력을 가질 필요가 있다. 그리고 각 지자체와 축제 관계자들도 축제의 시대적 전환을 간과해서는 안 된다.

최근 우리사회에도 공유경제 시스템이 도입되고 있다. 새로운 소비 트렌드가 나타나고 있으며, 공유의 경험치가 상승하고 있다. 공유경제는 정보나 물건, 공간 등이 묶여 금전적, 환경적, 사회적 가치를 만드는 것이라 할 수 있다.

축제는 지역 주민만의 전유물이 아닌 세계인의 공유 대상이 될 수 있다. 이것은 남는 것을 빌려주고, 필요한 만큼 빌려 쓰기 위한 공유 대상의 개념이 아니다. 관광객, 지역 주민, 팬덤, 관계자가 각자의 고유한 가치를 달성하기 위해서는 협업과 협력이 필요하며, 이를 위해 축제가 플랫폼이 되고, 우리 모두는 이 공간을 공유하게 되는 것이다.

O2O 플랫폼 속에서 관광객, 지역 주민, 팬덤, 관계자는 상호 간에 가치를 공유시켜 축제를 통해 각자의 목적을 달성하면서 동시에 인류와 지역의 사회적 가치를 실천하는 공익에도 기여할 것이다. 그렇게 되면 경제적 가치 실현은 동반되는 개념으로 <그림 35>와 같다.

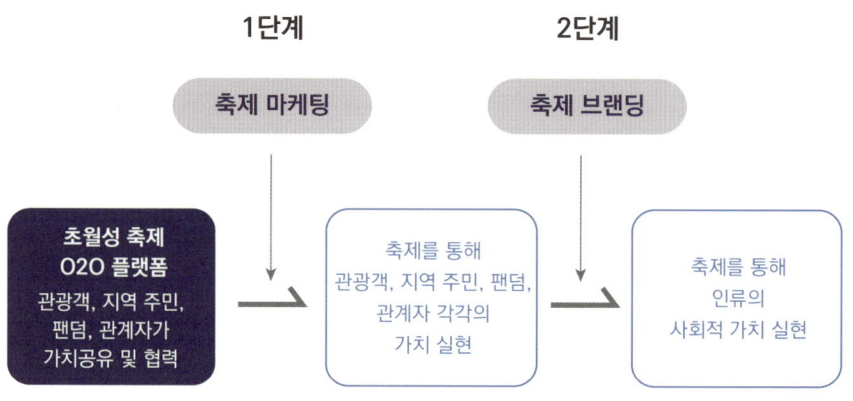

그림 35　초월성 축제 가치 실현 과정

이제 축제는 동원이 아닌 참여를 이끌어 낼 수 있는 공유 시스템이 구축되어야 한다. 온라인은 공유 플랫폼의 기능을 하고, 참여와 소통 공간이 되어야 한다. 인류의 사회적 가치를 실천하는 패러다임과 세계적 연대의 물결에 대한민국 축제들도 편승해야 한다. 참여를 이끌어 내는 동력은 바로 글로벌 네트워크와 가치 공유에 있다.

축제 성장을 이끄는
진정성과 영성문화

축제가 성장하기 위해서는 인지도와 이미지를 높여야 한다. 실재성 축제가 홍보마케팅을 통해 축제의 인지도를 높이고, 축제 경험을 통해 이미지를 높였다면 초월성 축제는 인류 전체를 대상으로 온라인을 통해 인지도와 이미지를 높이는 데 큰 역할을 할 수 있다. 온라인 커뮤니티에서 축제를 주제로 대화하는 상호작용은 축제를 몰랐던 사람들에게 축제를 알리는 계기가 될 것이다.

그리고 온라인에서 소통의 진정한 의미는 축제의 관심, 뉴스 구독, 프로그램 참여로 이어져 브랜드 자산을 구축시키는 역할을 할 수 있다.

초월성 축제는 전 세계를 온라인으로 연결하는 것을 넘어 온라인에서 콘텐츠 생산이 수시로 이루어져야 한다. 그러기 위해서 축제는 자체적으로 콘텐츠 생산을 할 수 있어야 한다. 2020년 온라인 축제의 등장은 그 경험을 대행으로 시도했다는 것에 대해 문제 의식을 가져야 한다. 이제 우리는 축제 기간뿐만 아니라 축제가 실시되지 않는 기간에도 콘텐츠를 생산해 O2O 플랫폼을 활성화하도록 해야 한다.

초월성 축제는 일상의 축제화와 축제의 일상화를 O2O 플랫폼으로 실천하는 것을 설명하고 있다. 앞으로는 대행사에 의존하는 것이 아니라 1인 미디어 시대 시민들을 축제 인플루언서로 양성하고, 축제에 진정성 있는 메시지를 콘텐츠로 생산해 내는 생태계를 구축시킬 필요가 있다.

단순히 온라인 조회수, 좋아요수, 댓글수, 인구분포 등의 콘텐츠 데이터만이 아니라 구독자수, 평균 조회수, 구독자 인구 분포, 영상 스타일 등도 함께 분석해야 한다. 이런 현상 데이터를 통해 원인과 결과를 해석해야 하며, 시민 인플루언서들을 관리하는 것도 중요하다. 결국, 축제가 진정성 있는 메시지를 생산해 낸다는 것은 네티즌들에게 공감을 일으키고, 팬덤에게는 이탈하지 않고 지속해서 활동하도록 하는 것이다.

진정성 있는 메시지란 인류에게 희망을 주는 것이다. 방탄소년단(BTS)은 전 세계 젊은이들에게 나이와 성별 인종을 초월해 이 시대를 살아갈 용기를 주고 있다. 그들은 단순히 노래하는 것이 아니라 내면의 이야기와 사회적 관심을 솔직하게 이야기하고 있기 때문이다. BTS에 팬들이 공감하고, 더욱 더 열광하는 이유는 그들이 노래로 희망의 메시지를 전달하고 있기 때문이다. 이제 축제도 희망을 이야기할 때이다. 실재성 축제는 인류에게 수단으로 이용된 경향이 컸었다. 하지만 초월성 축제는 인간의 본질을 축제로 경험시키며, 축제를 통해 인간 자아와 사회와의 연결을 이어주고 희망을 스스로 찾아갈 수 있도록 도와주게 될 것이다.

실재성 축제가 지역 문화를 체험시키는 수준이었다면, 초월성 축제는 지역 문화를 통해 영성 문화를 경험시킬 것이다. 실재성 축제는 집단성을 통해 축제 카타르시스를 느끼게 했다. 그러나 초월성 축제는 분산을 통해 개인이나 소규모 그룹이 형성되고 일상에서 자신의 삶이 축제 프로그램에 투영되는 순간 사회적 가치와 보람을 느끼도록 해 선한 영향력이 참가자를 영성 차원까지 이끌어 주는 것이다. 이것은 실재성 축제 때보다 초월성 축제가 카타르시스를 더 강렬하고 오래 지속되도록 할 것이다. 초월성 축제에서의 경험은 집단이 아닌 개인이나 소규모 그룹이지만 참가자 내면에서 스스로 느끼는 카타르시스이기 때문에 더욱 짜릿하고, 신선할 수 있다.

실재성 축제는 집단성에 의한 순간의 역동이 쾌락과 일탈을 주지만, 진정한 치유와 감성적 경험은 자신의 내면을 들여다 볼 수 있을 때 가능하다. 이에 초월성 축제는 개인 또는 소규모 그룹으로의 분산이 프로그램의 개별화를 가능하게 해 개인 영성 차원까지 이끌어 주는 가치를 창출할 것이며, 초월성 축제가 웰니스 축제 스타일을 표방하는 것도 여기에 있다.

뉴노멀 시대 축제는 인간의 본성을 경험시키는 새로운 시도로 진정성과 영성문화를 고민해야 한다. 아마도 이 영역은 실재성 축제에서 종교 기반의 전통축제가 행했던 것과 유사할 수는 있겠지만 시대적으로 방법과 내용면에 있어서는 전혀 다른 것이다.

2016년 새만금의 신규축제 개발 연구 용역을 하고, 2017년에 총감독을 하면서 새만금 노마드페스티벌을 탄생시켰다. 지금은 캠핑 페스티벌로 전락해 기획 의도와는 벗어나 있지만, 이때 영성문화 영역을 '아바타'로 콘텐츠화 했었다.

주제는 '나는 미친 것이 아니다. 나를 찾는 것이다.'로 하였는데, 기존 축제와는 달리 축제에서 자신의 자아를 발견하고, 삶의 희망을 얻어가는 새로운 개념의 축제였다. 일상에서 내 인생의 발목을 잡는 부정적인 것들을 아바타를 만들어 투영시켰다.

그리고 축제에서 만들어진 비일상의 도시에서 공동체 생활을 하였고, 축제 마지막 날에는 모두의 아바타를 불로 태웠다. 불 태우는 그 순간 모두는 자신의 아바타를 바라보며 영성의 순간을 경험했을 것이다. 영성이란 무엇인가? 헬미니악(Helminiak, 1996)은 "진정한 자기 초월을 향하는 본질적인 인간의 역동성을 통합하려는 것이 영성이며 특히 고귀하고 높고 선한 것을 추구하는 삶의 실재"라고 정의하였다.[59]

초월성 축제가 인류의 사회적 가치를 실현하는 것은 축제가 선을 실천하는 것과 참가자들에게 희망을 주는 것에 있다. 이 선의 실천은 인간의 본성일 수 있으며, 비일상 축제를 통해 우리가 영성과 만나는 길이기도 하다. 영성(Spirituality, 靈性)은 인간의 내적인 자원의 총체로서, 개인이 자신, 타인 및 상위 존재와의 의미 있는 관계를 유지하며 신체, 영혼, 마음을 통합하는 에너지, 존재에 대한 의미와 목적을 주관하게 하고, 당면한 현실을 초월하여 앞으로 나아가게 하는 힘 등을 의미한다. 최근 들어 영성은 심리사회적 건강을 포함한 개인의 전인적 건강에 영향을 주는 차원 높고 핵심적인 개념으로 간주되고 있다.[60]

초월성 축제는 인류를 바라보며, 일상에 지친 인간의 몸과 마음 그리고 영혼을 통합시켜 치유시키는 호소력 있는 기획과 운영이 필요하다. 즉, 이성과 지성 그리고 감성을 넘어서는 영성의 영역을 탄생시켜야 하는 것이다. 필립 코틀러(Philip Kotler)는 마켓 3.0에서 이러한 것을 브랜드 품격으로 설명하였다. 즉 의지할 만하고, 믿을 만하며, 나를 염려해주고, 존중해주고 있다는 것 그리고 더 나아가 존경하고 싶은 마음이 우러나오도록 하는 것[61] 그것이 영성의 영역이다.

그림 36   2017 새만금노마드페스티벌

초월성 축제가 관광객, 지역 주민, 팬덤에게서 이러한 실천을 이끌어 내기 위해서는 기존 축제와의 차별화와 더불어 질 높은 서비스가 다원성을 인정하는 가운데 이루어져야 한다. 기존의 집단적인 축제 문화만 으로는 한계가 있으며 오히려 분산된 축제 운영 시스템이 축제 운영의 효율성과 만족도를 높일 것이다.

초월성 축제가 인류의 사회적 가치를 생각해야만 하는 이유도 여기에 있다. 정신과 마음, 영혼까지 어루만지기 위해서 인류의 바람과 소망을 읽어야 하고, 홍익인간의 정신처럼 인간과 세상을 더욱 이롭게 하는 것에 축제도 동참해야 하기 때문이다.

**공정여행 문화를
구축하는 축제**

대한민국은 FIT 관광 시대를 맞이하면서 관광사업체 운영에 주민의 참여가 증가하고 있다. 최근 들어 로컬 시대를 맞이하면서 청년들도 가세해 각지에서 관광과 연결된 크리에이터들이 핫플레이스와 체험 상품을 탄생시키고 있다. 과거 호텔과 리조트 등 관광 기업들이 주도했던 지역 관광 시대의 관광 수입은 지역이 아닌 관광 기업에 치우쳤다. 그래서 지역 주민과 관광객은 대립의 관계가 생길 수밖에 없었다. 하지만 현재는 주민사업체 운영에 의한 관광 시장이 확대되면서 관광이 주민 소득과 지역 경제 효과에 큰 영향을 미치고 있다.

지역 주민과 관광객은 서로에게 이득을 주는 호혜적 관계로 전환되고 있다. 특히, 지역축제는 지역 주민 사업체와 관광객이 만나는데 효자 상품이 되고 있다. 그래서 지역 주민들에게 축제는 매우 중요해졌으며, 축제 또한 주민과 관광객의 적극적인 참여가 필요하다. 하지만 실재성 축제에서 지역 주민은 축제 기간 관광객을 관광 수입으로만 인식해서 한 몫 챙기려는 경향이 강했고, 관광객은 지역의 자연과 주거 환경을 훼손해가며 이기적인 자세로 축제를 즐겼다.

이제 초월성 축제는 주민과 관광객 사이에서 모두가 행복해지는 방법을 고민해야 한다. 관광객이 축제의 진정성과 영성 문화를 즐기면서 최고의 카타르시스를 경험하기 위해서는 내면을 자극하고, 동기 부여해 줄 수 있는 무언가가 필요하다. 축제 기간 참가자 스스로를 보람되게 만들어 줄 수 있는 기폭제는 자아와 사회적 가치가 교감하도록 해주는 축제 운영 구조로 설명할 수 있다.

그러므로 초월성 축제는 인류의 사회적 가치를 실현해 줄 수 있는 실천 방안이 축제 운영구조 속에 녹아 있어야 한다. 그리고 그 운영구조는 바로 공정여행을 축제에 적용하는 것이다. 공정여행은 도덕적 여행(Ethical Travel) 또는 책임 여행(Responsible Travel)으로 불린다.

이매진 피스(Imagine Peace)는 공정여행을 여행에서 쓰는 돈이 그 지역과 공동체의 사람들에게 직접 전달되는 여행, 우리의 여행을 통해 숲이 지켜지고, 사라져가는 동물들이 살아나는 여행, 서로의 문화를 존중하고 경험하는 여행, 여행하는 이와 여행자를 맞이하는 이가 서로를 성장하게 하는 여행, 쓰고 버리는 소비가 아닌 관계의 여행으로 정의하고 있다. 이것이 바로 초월성 축제가 지향하는 공생과 공익의 실천 여행이며, 축제가 창출하는 행복의 새로운 가치이다.

지금까지 실재성 축제는 주로 개발과 성장에 집중했다. 지역은 관광 기업처럼 축제를 경영하려고만 하였다. 이에 주민들은 축제를 돈벌이 수단으로만 생각했고, 지역의 가치가 훼손되는 것을 묵인했다. 성숙한 축제 문화를 만들기보다는 쉽고 빠르게 수요를 창출시키고, 수익을 올리는 방법을 선택했다. 이에 축제 생산과 직접적 연계가 없는 상당수의 주민은 축제로 인한 불편함을 호소하고, 행정은 민원에 시달렸다. 이것은 지역 주민들이 축제를 삶의 일부로 받아들이지 않은 결과이다.

축제를 통한 사회적 가치 실현은 어느 때보다도 중요해졌다. 따라서 축제의 지속가능한 성장을 위해서 주민의 생각과 참여 방식을 바꾸는 것이 필요하며 이것은 축제의 체질 개선 방향이 되어야 한다. 지금까지 축제는 더불어 살아가는 방법에 대한 고민을 배척하고, 개인과 단체가 손해 보지 않고, 이익을 얻는 것에만 목소리를 높였다. 관광객들도 권리만을 내세우며 작은 불편함마저도 감수하려 하지 않고, 불평과 불만을 축제 조직과 행정에 거침없이 표현했다. 이런 상황에서 행정은 주민과 관광객 사이에서 힘들어하고 있다. 그래서 모든 부서가 축제 업무를 맡기 싫어하고 있으며 공무원에게 축제 업무는 기피 대상이 되고 있다.

이제 실재성 축제를 초월한 초월성 축제는 윤리의식을 가져야 한다. 서로가 서로를 존중하는 축제 문화를 만들어야 하며 관광객과 지역 주민 모두가 희망을 경험하는 축제가 될 수 있어야 한다. 그리고 축제에 참여하는 사람들이 많아질수록 축제를 통해 세상을 바꿀 수 있다는 신념과 신뢰가 구축되어야 할 것이다. 그 결과 축제를 통해 지역의 여행문화도 새롭게 정착하게 될 것이다.

공간의 초월을 통해 지역 주민과 관광객은 일상에서 새로운 변화를 위한 주제로 만날 수 있다. 그리고 온라인을 통한 일상에서의 축제 주제는 '축제로 변화시키는 희망의 세상'이다. 그렇게 되면 지역의 삶과 문화가 존중받고, 여행자가 온전히 지역을 누릴 수 있게 될 것이다. 그러므로 공정여행 축제로의 문화 구축은 대행사와 공연자 등 공급자 중심의 축제 프로그램 운영이 아닌 지역 주민이 운영하는 프로그램을 확대하고 어떻게 하면 매력적이고 가치 있게 할 것인지에 대한 고민이어야 한다.

실재성 축제에서는 공급자 중심의 프로그램 전개와 운영구조가 축제 참가자 모두를 스케줄에 끌려다니도록 하였다. 동일한 공연자들이 여러 축제에 참여하면서 관광객들은 콘텐츠의 식상함을 느꼈다. 이제는 화려함과 스펙터클을 강조하기보다는 주민과 함께 지역을 느끼는 축제로 관광객과 함께 프로그램의 차별화를 만들어야 할 것이다.

지역 주민은 관광객을 단순한 관광객이 아닌 공정여행에서 바라보는 관광시민 즉, 축제시민으로 바라볼 수 있도록 해야 한다. 이 부분이 바로 초월성 축제 마지막 전략인 초시민 전략이다. 지역에서는 인구 감소와 고령화로 인해 축제 운영 인력 부족에 대해 늘 고민이 많다. 축제 생산자로 참여하는 것에 대한 주민들의 피로도는 크며, 생산자가 아닌 축제 소비자가 되어 축제를 함께 즐기고 싶어 하는 염원도 크다. 초월성 축제는 이러한 지역의 현실을 고려해 타지역 주민인 관광객을 축제시민으로 만들어 지역과 축제를 지켜주는 문화 구축을 함께 고민해야 한다.

초월성 축제에서 축제 운영 패러다임은 실재성 축제와는 달리 새롭게 리셋되어야 한다. 팬덤 문화를 구축하는 것은 곧, 축제에서 공정여행 문화를 실천하는 핵심이 된다. 이들에게 명예시민의 지위를 주고, 관광객 입장에서 축제의 문화생산과 참여를 어떻게 모범적으로 할 수 있는지 이끌도록 해야 한다. 다수의 축제 관광객들은 이들의 문화를 따라 하게 되고, 어느 시점에 가면 초월성 축제의 윤리문화는 자연스러워질 것이다.

사회적 가치를 실천하는
축제시민과 축제 일상화

초월성 축제에서 초윤리의 의미는 실재성 축제와 비교해 축제가 윤리 의식을 갖는다는 것이고 일상·비일상 시간을 초월해 실천된다는 것을 의미한다. 자기 성찰과 영성 문화 체험의 장이 되는 축제 기간에 참가자들은 인류와 사회에 대한 문제 인식과 기여 의식을 갖게 됨으로써 축제 윤리를 실천하게 될 것이다.

축제가 개최되지 않는 기간에는 축제시민들이 일상에서 온라인을 통해 축제 비전과 가치를 실천할 수 있다. 여기서 축제시민은 지역 주민, 관광객, 팬덤, 관계자 모두가 해당되는 것으로 이들 모두는 초월성 축제 플랫폼을 통해 각자의 방식으로 축제 윤리를 실천하게 된다.

그리고 초월성 축제에서 초윤리의 실천은 비일상 축제 기간보다는 축제의 일상화 기간에 더 큰 의미가 있다. 축제의 일상화는 차기 축제를 준비하는 시간, 공간, 사람의 결합으로 개념해 볼 수 있다.

초월성 축제는 인류의 사회적 가치 실현을 위한 축제 생산 구조를 지역 주민을 넘어 축제시민으로 설명하고 있다. 축제를 준비하는 시간과 협업하는 공간은 O2O 플랫폼이다. 축제시민이 각각의 가치를 플랫폼 속에 공유시켜 생태계가 구축되고 이루어지는 구조이다. 그래서 축제시민의 연결과 상호작용은 축제의 일상화를 실천시키고, 플랫폼의 활성화를 이끈다.

앞서 언급한 공정여행 축제를 실천하기 위해서는 지역 주민과 관광객이 일상에서 함께 만나 축제를 사전에 준비하는 문화구축이 필요하다. 이에 팬덤은 플랫폼의 분위기를 이끌고, 축제 관계자인 행정, 재단, 예술가, 활동가, 크리에이터 등은 축제의 새로운 방향성과 가치를 디지털 호모 페스티버스들에게 제시하며 관계 구축을 시도해야 한다.

결국, 지역 주민, 관광객, 팬덤, 관계자 모두가 축제시민으로 초월성 축제의 가치를 공유하고, 비전을 실천하기 위해 각자의 시공간에서 O2O 플랫폼을 활용하는 것은 매우 중요하다. 이들은 축제를 준비하는 일상에서 공간의 초월이 상호 네트워크와 소통 생태계를 자유롭게 구축할 수 있다는 사실을 확인하고, 그 환경을 적극적으로 이용해야 한다.

축제를 구성하는 소집단은 관광객, 지역주민, 팬덤, 관계자 등 다양하게 구성되어야 한다. 초월성 축제에서 축제시민을 모아주는 구심점은 공생과 행복이라는 초월성 축제 비전과 인류의 사회적 가치 실현에 있다. O2O 플랫폼 속에서 축제시민이 해야 할 미션과 실천 방법, 축제가 해야 할 과업과 나아가야 할 방향성을 자연스럽게 협력하고,

협업하도록 해야 한다. 행정과 재단 등은 중간 지원 조직이 되고, 주민들은 관광객과 함께 셀프 운영자 그룹으로 재결합해야 한다. 총감독의 업무는 기획의 창조적 마인드를 이끄는 것도 중요하지만 어찌 보면 통합 운영의 리더십이 더 요구될 수 있다.

초월성 축제는 O2O 플랫폼 속에 일상화 프로그램을 개발해야 한다. 축제시민이 상호작용할 수 있는 판을 전개해야 한다. 온라인에서의 비대면 회의, 오프라인에서의 워크숍, 온·오프라인 파티, 이벤트, 캠페인 등 상호작용 프로그램이 활성화되어야 플랫폼과 축제의 일상화는 성공할 수 있다. 이 모든 것들은 축제 개최를 위해 준비하는 과정이면서 동시에 일상에서 축제의 사회적 가치를 실천하려는 노력들이다. 지역은 축제를 통해 축제시민 문화 구축, 관광객과의 교류, 공정여행 문화 실천 등 일상에서 주민 주도의 지역 밀착형 문화관광을 조성시키는 기회로 활용해야 한다.

세계적으로 연대하고 협력하는 초연결(T-Contact) 축제
디지털 호모 페스티버스 - 지역과의 만남을 실천하다

축제시민 디지털 호모
페스티버스의 탄생

2020년 온라인 축제 등장은 디지털 호모 페스티버스를 탄생시켰다. 이제 축제 참가자의 영역은 오프라인 축제장에 오지 않고도 축제를 즐기는 사람들의 영역까지 확대되었다. 주최측의 입장에서는 두 유형의 축제 참가자 모두를 고려해야 하며, 두 공간 모두에서 축제를 열어야 하는 상황이 되었다. 그 덕분에 대한민국 축제와 관광은 글로벌로 나아가는 길이 열린 것에 희망을 가져야 한다.

2021년 부터는 디지털 호모 페스티버스들을 만나 그들의 특성을 살피는 축제 여행을 시작해야 한다. 포스트 코로나 이후 대한민국 축제에도 한류가 일어나고, 지역 관광이 글로벌로 도약하는 순간을 상상해보자! 새로운 기회는 도전하는 자에게 주어질 것이며, 코로나19는 우리에게 도전의 시간을 주고 있다. 우리는 대한민국 사회에서 더 이상 축제의 멈춤은 없다는 것을 보여줘야 하며, 용기를 내어 미래사회로 축제를 이끌어 가야 한다.

온라인으로 축제를 즐기는 참가자도 축제시민으로 받아들여야 하며, 이들에게도 축제를 즐길 권리를 부여해야 한다. 축제시민의 인구 분포는 오프라인보다 온라인이 더욱 높아질 것이다. 다국적 축제시민들이 나타날 것이고, 그들은 온라인에서 왕성한 활동을 할 것이다. 우리가 디지털 호모 페스티버스들을 주목해야 하는 것은 그들이 오프라인 축제와 지역 관광의 잠재 수요자라는 사실이며, 그들을 통한 문화 전파의 속도는 아무도 예측할 수 없을 만큼 빠르다는데 있다.

2018년 경상북도에서 개최한 글로벌 청년 페스티벌에서 '글로벌 문화관광을 위한 청년들의 역할'을 주제로 강연을 한 적이 있다. 관광을 통한 경북의 발전을 위해 청년과 청년 중간 지원 조직의 필요성과 역할을 이야기 하였다. 그리고 경상북도가 글로벌 관광으로 나아가기 위한 전략으로 국내에 들어와 있는 청년 외국인들을 그들의 고국과 사람들에게 경북 관광을 연결하는 인플루언서로 성장시켜야 한다는 것을 피력했다.

초월성 축제는 의도적으로 축제 인플루언서를 성장시켜야 하며, 이들을 통해 디지털 호모 페스티버스 문화를 구축시켜야 한다. 아울러, 인플루언서는 축제 팬덤 속에서 자연스럽게 탄생될 수 있도록 해야 한다.

2020년 대한민국 온라인 축제는 디지털 호모 페스티버스와 첫 만남을 가졌다. 그리고 그들의 반응과 활동에서 새로운 가능성을 경험했다. 하지만 재미없는 중계를 중심으로 하다보니 디지털 호모 페스티버스는 단순한 관람자가 되었고 홈쇼핑을 연상시키는 판매는 그들을 구매자로 전락시켰다. 그나마 키트 학습 중심의 체험 콘텐츠와 참여 이벤트가 온라인 축제 프로그램으로 의미가 있었던 것 같다.

2021년 축제부터는 디지털 호모 페스티버스 탄생에 대한 인정과 이들에 대한 운영 방안이 재검토 되어야 한다. 초월성 축제에 있어 온라인 축제는 무한한 영역을 지니고 있기 때문에 앞으로 5년 또는 10년 후를 바라보며 기획적 상상을 한다면 많은 변화와 발전이 있을 것이다. 이를 바탕으로 실재성 축제에서 초월성 축제로의 전환과 초월성 축제의 진화 발전이 기대된다.

스토리를 창출하는 MZ세대와의 축제 공동체 구축

우리 사회는 M세대를 디지털 유목민, Z세대를 디지털 원주민이라 부른다. MZ세대들은 대략 20-30대 연령에 해당되며, 이들은 대한민국에서 디지털과 4차 산업혁명으로 펼쳐질 뉴노멀 사회에 가장 빠르게 적응하는 세대이다.

초월성 축제는 MZ세대들을 중심으로 성장해야 한다. 디지털 호모 페스티버스를 축제시민으로 양성하기 위한 핵심 타켓층은 바로 MZ세대이다. M세대들은 밀레니엄을 맞아 대학에 들어갔으며, 세계화와 경험주의 성향을 가지고 SNS를 통해 자기 자신을 강하게 표현하고 있다.

Z세대들은 유튜브 세대라고도 한다. TV나 컴퓨터 보다 스마트폰을 선호하고, 텍스트보다 이미지, 동영상을 선호한다. 이들은 현실주의와 윤리를 중시하며, 네이버가 아닌 유튜브를 검색하는 세대로 디지털 세상을 이끌어갈 핵심 세대이다. 기존의 현대축제에서는 아날로그와 디지털을 동시에 경험한 X세대 즉, 40대를 중심으로 한 가족단위 방문객들이 주를 이루었다.

초월성 축제는 지금의 20대인 Z세대와 코드를 일치한다. 하지만 아날로그 감성을 쫓으며 지금 이 순간의 행복을 중요하게 여기는 M세대들은 현재 가장 크게 어필되는 연령이다. 10년 후 MZ세대는 대한민국의 30대-40대가 될 것이며, 이들은 축제의 중심 소비자가 될 것이다.

초월성 축제는 MZ세대들과 함께 성장하며, 그들의 트랜드를 분석하고, MZ세대를 축제의 핵심 연령층으로 바라보아야 한다. 초월성 축제로 전환하지 못하거나 뒤쳐지는 축제들은 50대 이상이 즐기는 축제가 될지도 모른다. 뉴노멀 사회의 축제는 MZ세대들과 축제 공동체를 형성해 지역 문화의 가장 뜨거운 콘텐츠가 될 수 있도록 노력해야 한다.

LG유플러스는 2020년 10월에 MZ세대를 겨냥해 이들을 이해하고 소통하기 위한 복합문화공간 '일상비일상의틈'을 강남역에 오픈했다. 미래시장을 선도하기 위해 MZ세대를 직접 만나는 오프라인 소통 플랫폼을 만든 것이다. 상품 판매 중심의 기존 매장과는 달리 대화와 소통에 최적화된 문화 공간을 만들어 고객 접점으로 활용하겠다는 것이다.

초월성 축제는 MZ세대들이 시공간을 넘나들며 축제를 즐길 수 있는 환경으로 O2O 플랫폼을 활용하고 있다. 온라인 공간에서 창출되는 그들의 스토리와 상호작용을 살피고, 축제와 소통시킬 수 있는 방안을 모색할 필요가 있다. 그리고 온라인 공간을 통해 오프라인 축제와 지역을 매력적 관광지로 인지시키고, 방문할 수 있도록 연계하는 것도 잊어서도 안 된다.

MZ세대들은 스마트폰을 가지고 온라인에서 노는 특성을 가지고 있다. SNS를 통해 다른 사람의 삶을 들여다 보고, 존중하며 자신의 삶 속으로 가져와 다양한 것을 즐긴다. 그들은 자신의 삶을 SNS로 표현하고, 전화보다 온라인으로 소통하며 온라인에서는 누구와도 친구가 된다. 결국 MZ세대들의 삶은 온라인 속에 있는 것이다.

초월성 축제는 온라인을 개척해 디지털 호모 페스티버스들을 축제시민으로 만드는 설득을 시작해야 하며, 그들의 삶에 축제가 들어갈 수 있도록 해야 한다. 그러기 위해서는 축제가 그들에게 가치를 부여해 줄 수 있어야 한다. 그래서 그들이 즐기는 축제 스토리를 전 세계 친구들이 보고, 이야기하며, 따라 즐기도록 해야 한다. 축제가 이들과 문화코드를 같이 해야 하는 이유도 여기에 있다.

하지만 디지털 호모 페스티버스의 등장과 MZ세대로의 축제 트랜드가 이동하는 것을 지역에서는 반기지 않을 수도 있다. 왜냐하면 각 지자체마다 축제를 움직이는 핵심 연령층은 대부분 50대 이상이다. 이러한 주민들이 초월성 축제를 이해하고, MZ세대를 받아들이는 것은 쉽지 않을 것이다. 그 이유는 그들이 디지털에 취약하다는 것이고, 기존 운영 방식과는 달리 초시민이 함께 축제를 운영해야 한다는 개념을 더욱 이해하지 못할 수도 있기 때문이다.

그런데 한 가지 확실한 것은 초월성 축제로 전환되는 사회의 변화를 인식하지 못하고, 고인물 사고를 갖거나 변화를 게을리 한다면 MZ 세대에게서 기존의 실재성 축제는 점점 더 외면 받을 것이다. 그리고 이들이 30-40대가 되는 10년 후에 축제는 쇠퇴의 길을 걷게 될 것이다. 그렇기 때문에 초월성 축제가 지역의 청년들을 참여시키는 것에 더욱 노력해야 하는 것이다.

지금까지 지역의 청년들은 관광이나 축제에서 아웃사이더였다. 축제는 아버지나 삼촌들이 운영하는 것으로 인식했고, 평소에 관심도 갖지 않았다. 또는 관심 있어도 지역에서 자신들을 인정해주지 않고, 의견을 말할 수 있는 자리가 없다는 것에 불만을 갖고 있었지만 해결할 방법이 없었다. 이것이 실재성 축제에서 지역의 현실이었다.

축제는 지역의 오피니언 리더들이 거쳐가는 자리이며, 그들이 지인들을 설득해 함께 봉사하고, 후배에게 그 자리를 물려주는 개념이 지배적이었기 때문에 청년이 축제 운영 조직에 들어오는 것은 구조적으로 어려웠다. 하지만 이제 축제 운영 인력에도 세대 교체가 필요하다. 청년을 키우고, 축제 변화와 지속가능한 성장을 이끌기 위해 청년에게 자리를 만들어 줘야 한다.

최근 강원도 같은 경우는 18개 시군 모두에서 축제 업무를 재단으로 이관시키고 있는 상황이기 때문에 축제 운영에 청년을 참여시키는 것이 가능할 수 있다. 전국적으로도 축제 운영 조직이 재단으로 전환되고 있는 상황이다. 지역 문화재단은 지역의 축제들이 초월성 축제로 전환하는데 있어 역할과 책임이 매우 크다.

뉴노멀 사회를 바라보며, 문화와 관광 그리고 축제가 새롭게 도약할 수 있는 기회를 청년과 함께 창출시켜야 한다. 그러기 위해서는 실재성 축제 패러다임을 초월성 축제 패러다임으로 전환시키는 노력을 관철시킬 필요가 있다.

축제 업무 관련 종사자들에게도 초월성 축제로의 전환이 사람과 공간 그리고 지역의 삶을 새롭게 전환시키는 작업임을 인지시키고, 축제 재교육을 통해 마인드 쇄신을 이끌어 주는 노력도 병행되어야 한다.

협력하는 지역 주민과 연대하는
디지털 호모 페스티버스

초월성 축제의 성공은 연결과 소통에 있다. 즉, 네트워크인 것이다. 실재성 축제에서는 축제 생산에 있어서 공급자 중심의 연결 구조를 생각했다. 하지만 초월성 축제는 수요자 중심에서 연결성을 고민한다. 여기서 공급자의 역할은 환경조성과 네트워크 구축에 있다.

축제는 수요자의 참여를 이끌고, 공급자는 수요자 가치를 공유시켜 서로의 개별적 가치를 충족하면서 시나브로 사회적 가치를 공동으로 실천하게 될 것이다. 지역 주민은 축제 팬덤과 관광객들이 지역에 동화되어 축제를 잘 즐길 수 있도록 협력하고, 디지털 호모 페스티버스들은 온라인에서 연대를 통해 축제의 가치를 퍼 나르게 될 것이다.

초월성 축제는 지역 주민, 팬덤, 관광객, 관계자 모두를 디지털 호모 페스티버스로 만들어 축제시민으로 통합시킨다. 모두가 축제시민이 되어 축제를 동등하고 공평하게 소유한다. 그래서 자연스럽게 글로벌로 나아갈 수 있다. 축제는 지역 주민만이 아닌 축제시민들에 의해서 운영되는 생태계를 구축해야 한다. 바로 이것이 시민의 초월을 의미하는 초시민 전략이기도 하다.

인구 감소와 지역 소멸의 미래를 두려워하는 이 시점에서 지역은 축제를 바라보는 패러다임을 바꾸고 축제 운영의 폐쇄적 구조를 과감히 버려야 한다. 축제 글로벌을 외치면서 내부적으로는 주민의 시각에서만 축제를 바라본다면 매년 반복되는 문제점을 벗어나지 못할 것이다.

글로벌로 나아가기 위해서는 글로벌의 눈으로 축제를 바라보아야 한다. 주민의 눈으로 보고자 한다면 관광형 축제가 아닌 주민 화합형 축제를 개최하는 것이 맞다. 하지만 대한민국 축제는 관광형 축제를 표방하면서 주민의 가치에 가려 표류하고 있다. 이것은 축제의 지속가능한 성장이 아니다.

축제를 바라보는 지역의 사고 체계가 지역 중심을 벗어나지 못하였기 때문에 축제가 더욱 가치를 드러내지 못하고 있다. 시간이 지날수록 축제를 운영할 사람은 줄어드는데, 주민들은 많은 것을 요구하고 있으며, 단체장은 주민을 표로 인식하여 눈치만 보고 있다. 그러다 보니 축제의 진정성과 가치는 우선순위에서 밀려나고, 축제가 세상과 소통하는 것을 단절시키고 있다. 그러면 그럴수록, 국민들이 관광으로써 축제를 바라보는 매력성과 가치는 점점 떨어질 수밖에 없다.

주민들은 축제 기획과 운영에서 후대까지를 생각하지 못하고 있다. 축제를 자식과 손자에게 이어주겠다는 사명감을 느끼고 있지 못한 것이다. 단순히, 당장의 경제적 효과 창출과 예산을 받아 쓰는 것에만 집중하고 있다. 이러한 구조 안에서 지역 주민은 입장의 차이와 이해관계에 따라 등을 돌리기도 하고 자칫하면 축제가 정치판이 되는 것에 동조하기도 한다. 이러한 상황 속에서 축제의 문제를 내부적인 문제로만 해결하려고 한다면 그 지역의 미래는 점점 더 어두워질 수 밖에 없다.

초월성 축제는 이러한 축제 운영의 문제를 내부 자원만으로 해결하려고 하기보다는 외부 자원을 끌어들여 해결할 필요가 있다. 축제의 가치를 인정해주는 외부인들을 축제시민으로 받아들이는 것이 필요하다. 지역 주민들은 축제시민에 의한 축제 운영을 인정하고 협력하는 노력이 필요하다. 축제의 가치를 인정하는 외부인들이 지역 주민 못지않게 축제를 더 사랑할 수 있다. 이제 지역을 지키는 주체를 지역 주민으로 한정하는 생각을 버려야 한다. 지역 주민만으로 지역의 문제를 해결하려는 생각이 강할수록 지역이 소멸하는 것은 점점 더 빨라질 수 있다.

초월성 축제는 실재성 축제와는 달리 온라인을 통한 외부인과의 상시 네트워크가 가능하다. 따라서 축제 기간 뿐만 아니라 축제가 개최되지 않는 기간에도 세계적인 소통이 가능해진다.

초월성 축제가 축제시민에 의한 축제 운영을 현실화하기 위해서는 O2O 시스템이 플랫폼으로서 기능을 확실하게 해야 한다. 플랫폼은 가치를 공유하는 것이다. 결국, 가치 공유를 추구하는 생태계 구축에서 지역 주민이 반드시 축제를 주도해야 한다는 고정관념을 버리고, 축제시민과 함께 협력하는 구조를 만드는 것이 필요하다. 단순히 관광객과 외부인으로 바라봤던 관점을 축제시민으로 받아들이는 열린 사고가 필요하다. 즉 축제 주최측은 적극적으로 축제시민을 모집하고, 축제 운영구조를 재편할 필요가 있다.

O2O 시스템이 플랫폼으로 인정받게 되면 온라인과 오프라인은 디지털 호모 페스티버스와 지역 주민을 자연스럽게 연결시키게 된다. 디지털 호모 페스티버스는 지역을 지켜주는 공정여행의 리드 그룹이 될 수 있다.

지역은 이들이 연대를 통해 축제 운영에 직접 참여하고, 온라인에서 축제 가치와 생산을 함께 고민하며, 상시 소통에 상호작용 하도록 협력해야 한다. 이들은 지역 주민과는 이웃이 되고, 오프라인에서 만남과 관계를 구축하며 우정을 쌓게 될 것이다.

지역은 축제를 통해 디지털 호모 페스티버스들에게 고향이 되고, 지역은 이들을 명예 고향인으로 반갑게 받아들일 수 있어야 한다. 지역은 축제를 통해 온라인 공간에서의 가치 공유가 지역의 상생과 회복을 가져오는 결과를 만들 수 있다. 그리고 플랫폼의 확대는 해외로까지 연결되어 외국인에게도 축제와 지역을 사랑하는 러브마크를 형성시킬 수 있다.

초월성 축제는 대한민국에 대한 관심을 축제로 연결하여 지역을 통해 대한민국 문화를 이해하고, 경험시키는 가치를 만들어 낼 수 있다. 글로벌 축제시민들은 축제를 통해 현지인과 함께 신뢰도 높은 안전한 여행을 지역에서 즐길 수 있다. 지역은 글로벌 축제시민들을 통해 자연스럽게 로컬이 글로벌로 진출하는 계기를 만들 것이다.

이 모든 것은 우리가 온라인에 축제 공간을 개척했기 때문에 가능하다. 이제 축제를 통해 로컬을 글로벌로 키우는 실천과 전략이 새롭게 고민되어야 한다. 주민은 협력하고, 디지털 호모 페스티버스는 연대하는 플랫폼을 구축해야 한다.

디지로그 감성이 이끄는
축제 매력과 새로운 연결

초월성 축제의 매력은 디지로그 감성과 특별한 경험이다. 온라인을 통한 가상공간에서의 축제 경험은 오프라인 축제를 더욱 매력적이게 한다. 디지털 호모 페스티버스들은 온라인에서 축제를 이해하고, 축제 프로그램을 즐겨보면서 오프라인 축제를 직접 경험해보고 싶은 욕구가 생겨날 것이다.

축제 기간이 아니라도 축제가 개최되는 장소를 가보고 싶고, 지역을 방문하고 싶은 욕구도 생길 것이다. 실재성 축제와는 달리 초월성 축제의 오프라인 축제장에서는 스마트폰을 활용해 온라인과 오프라인을 넘나드는 혼합공간에서의 디지로그 경험을 통해 감성이 증폭되고, 축제가 더욱 매력적으로 다가오게 될 것이다. 디지털 호모 페스티버스들은 초월성 축제에 대한 만족과 경험을 온라인 공간 속에 다시 표현하고 그 감동은 오프라인 축제와 지역 관광으로 자연스럽게 연결될 것이다. 이렇듯 디지털 호모 페스티버스들은 온·오프라인을 넘나들며 오프라인 축제와 지역 관광을 선순환시키는 구심점이 될 것이다.

그리고 이들에게 혼합공간은 초월성 축제의 가장 큰 매력이 되어야 하며, 온라인의 공간 개척이 오프라인을 더욱 매력적이게 하는 것도 혼합공간의 역할인 것이다. 초월성 축제는 온라인과 오프라인의 결합을 최고의 기술로 구현해야 한다. 온라인과 오프라인을 연결시킨 디지로그 감성은 초월성 축제의 꽃이 될 것이다.

2018년 12월부터 2019년 1월까지 방영된 '알함브라 궁전의 추억'이라는 TVN 주말드라마가 있었다. 주인공의 눈에 렌즈를 장착하면 현실 속에서 게임을 즐기는 설정 즉, 혼합 현실(MR)이다.

초월성 축제는 앱 개발, QR코드, VR, AR 등을 활용한 프로그램 체험으로 오프라인 축제 공간에서 새로운 감성을 전달할 것이다. 집단성이 아닌 개별성과 자율성에 의해 축제가 운영되며, 참가자들의 감성과 스타일에 따라 여유롭게 축제를 즐기고 삶의 진정한 의미를 되돌아보는 슬로우 라이프가 축제 스타일이 될 것이다.

디지로그 감성의 축제 앱은 오프라인 축제장에서 슬로우 라이프 축제를 실현하는 데 큰 기능을 할 것이다. 주최측은 앱을 통해 참가자와 소통할 수 있고, 참가자 간에도 앱을 통해 실시간 소통과 상호작용을 할 수 있다. 축제 앱에는 축제 프로그램을 비롯한 다양한 정보와 참여 이벤트, 스탬프 투어, 게임, 구매, 지역 관광 등 다양한 기능이 디자인 될 수 있다. 앞으로 축제는 디지로그 감성을 끌어내는 다양한 프로그램이 새롭게 개발될 것이다.

실재성 축제에서 체험이 강조되었다면, 초월성 축제는 특별한 경험이 강조될 것이다. 그래서 초월성 축제는 참가자들이 스마트폰을 활용해 실시간 참여할 수 있는 환경을 제공해야 하며 여기에 특별한 놀이나 게임들을 접목시킨 프로그램을 즐길 수 있도록 해야 한다.

2016년 포켓몬스터를 잡기 위해 휴대폰을 들고 속초로 간 것처럼 오프라인 축제장은 새로운 스타일의 프로그램을 도입해 새로운 경험을 이끌고 그 경험은 디지로그 감성을 자극해 축제 만족으로 연결될 수 있어야 한다.

축제 경험에서 받은 감동들은 참가자들에 의해 온라인에서 다양한 방식으로 표현되고, 축제를 몰랐던 지인들에게까지 전달될 것이다. 이렇게 연결되어 새롭게 탄생한 디지털 호모 페스티버스들은 축제를 새롭게 인식하고, 여행에 새로운 욕구를 가지게 되며, 이런 반응들은 국내를 넘어 해외에서 더욱 강하게 나타날 것으로 기대된다.

초월성 축제는 지역축제를 글로벌로 도약시키고 한류 열풍에 대한민국 축제도 진입시키는 방안이라 생각한다. 축제 기간 일상의 축제화는 축제가 개최되지 않는 때에도 축제의 일상화로 연결되어 오프라인 축제장은 디지털 호모 페스티버스들의 성지가 되고, 온라인 플랫폼은 축제 생태계를 선순환시키는 핵심이 될 것이다.

동원과 연대를 실천하는
선순환 팬덤 문화

특정한 인물이나 분야를 열성적으로 좋아하는 사람들 또는 그러한 문화 현상을 팬덤이라고 한다. 초월성 축제는 팬덤을 만드는 것에 최선을 다해야 한다. 최근 대한민국의 팬덤 문화는 개인 미디어와 디지털 네트워크를 통해 새로운 문화를 만들어내고 있다. 스타와 팬은 함께 성장하는 수평적 관계이며, 디지털 환경을 이용해 글로벌 팬덤 네트워크 구축은 스타를 중심으로 전 세계 팬들이 상시 소통 채널을 구축하게 하였다.

팬덤은 스타의 인기와 순위를 생산하는데 모두를 동참시키고 있으며, 스타는 팬덤에게 희망을 준다. BTS 팬덤인 '아미'는 방탄소년단을 빌보드 차트 1위를 만드는데 연대하고, BTS의 정보를 함께 공유하고 있다. 자신이 지지하는 아티스트의 앨범을 원하는 시간에 원하는 방식으로 차트에 올리고, 유지시키는데 일조하고 있으며, 아티스트는 팬들의 사랑에 SNS를 통해 답하고 있다. BTS 지민 팬덤은 지민의 26번째 생일을 기념하는 서포트로 '유니세프 구호텐트'를 후원하는 등 공익을 실천하는 선순환 팬덤 문화를 만들어가고 있다.

이처럼 초월성 축제도 공익과 행복을 추구하는 것을 축제 기획에서 비전과 가치 전략으로 제시하고 있다. 그래서 축제시민들도 각자의 가치를 추구하면서, 서로 연대해 축제를 성장시키는 것에 동참하게 될 것이다. 초월성 축제의 팬덤은 축제를 이끌어가는 리드 시민으로 이들은 축제 기간 공정여행을 통해 축제 운영 스탭에 자발적으로 동원될 것이다. 그리고 그들은 축제를 즐기는 방법과 노하우를 공유하며 축제 문화를 온라인과 오프라인에서 생산하고 이끌어 가는 연대 세력이 될 것이다.

초월성 축제는 팬덤을 관리하고 운영하는 프로그램을 지원하고, 팬덤에게는 특별한 혜택을 제공해 줄 필요가 있다. 팬덤은 그들이 팬덤인 것에 자부심을 갖고, 서로 공유와 연대를 통해 축제의 집단지성(集團知性 : Collective Intelligence)[29]이 발휘될 수 있는 선순환 문화를 구축해야 한다.

축제장에서는 팬덤이 축제를 즐기는 방식을 다수의 참가자들이 모방할 수 있도록 하고, 온라인에서의 소통 문화도 팬덤이 주도하게 할 필요가 있다. 초월성 축제는 주최측의 영역 일부를 팬덤들이 맡을 수 있도록 하는 것도 필요하다. 그리고 글로벌 팬덤을 구축시켜 축제가

---

29) 집단지성은 다수의 컴퓨터 이용자 간의 상호 협동적인 참여와 소통이 만들어 내는 결과물, 집합적 행위의 결과물, 판단과 지식의 축적물 혹은 그 과정을 말한다. 집단지성은 편재성, 지속성, 실시간 상호 조정성, 실천성이라는 특성을 지닌다. 이러한 집단지성은 전자 미디어에 의해 본격적으로 나타나게 되었다. 집단지성은 가장 빠른 시간에 최적의 결과물에 도달할 수 있는 새로운 인간 활동 유형이다. 집단지성은 인터넷으로 서로의 생각을 나누고 공유하는 데서 한 걸음 더 나아가 현실에서의 집합행동으로 연결되기도 한다. [네이버 지식백과]

점진적으로 글로벌 시장 개척에 나아갈 수 있도록 해야 한다.

K-POP 스타를 지키기 위해 국내 팬덤과 해외 팬덤 간에 연대가 이루어지듯이 축제 또한 온라인 플랫폼과 채널을 통해 국내 팬덤과 해외 팬덤이 연대할 수 있어야 한다. 그리고 이들은 온라인과 오프라인 축제 경험을 2차 콘텐츠로 제작하고, 상호 공유하며 전 세계에 전파할 힘을 가지고 있다.

앞서 초월성 축제는 MZ세대들에 집중해야 한다고 하였다. 초월성 축제의 팬덤 문화는 바로 이 MZ세대들이 이끌게 될 것이다. 이들은 SNS를 이용해 '총공(Chonggong)'이라는 동원령을 내리고, 단기간에 효율적으로 집단행동을 조직하고 해체해 본 경험이 있다.

초월성 축제는 자발적 온라인 연대와 동원에 익숙한 MZ세대를 팬덤으로 구축해 축제를 사랑하고, 축제를 지지하는 핵심 세력으로 만들어야 한다. 이들은 코로나19 상황 속에서도 온택트 공연을 성공시키고 있기 때문에 온라인 축제도 성공시킬 수 있는 핵심세력으로 바라볼 수 있다. 초월성 축제는 이들이 오프라인 축제까지 집단행동을 이끌 수 있도록 O2O 시스템 운영을 전략적으로 고민할 필요가 있다.

지역을 글로벌로 진출시키는 초시민(T-Citizen) 축제
축제시민 – 로컬의 희망이 되다

**지역의 삶과 가치가
축제 브랜드로 연결**

최근 대한민국은 로컬 시대를 맞이하고 있다. 인구 감소와 함께 지역이 소멸하는 시대가 도래하면서 지역은 스스로 생존을 위한 몸부림을 시작하고 있다. 그래서 중앙 정부가 나서서 청년들의 로컬 창업을 돕고 그들이 지역 개성을 살린 지역 상품을 생산하게 하는 정책을 실시하고 있다.

도시재생과 문화도시 사업들은 지역 주민 참여와 교육을 통해 로컬의 새로운 가치와 희망을 주민과 함께 디자인하고 있다. 기존에 존재했던 지역 자원의 가치는 청년과 도시에서 이주해 온 이주민들을 통해 새롭게 재탄생되고 있으며, 로컬 브랜드가 하나둘 탄생하고 있다. 이들은 지역 관광 산업의 새로운 공급자로 서비스를 제공하며, 방문자 경제를 창조하고 있는 것이다. 이렇게 지역은 새로운 변화를 창조하고 있다. 축제도 새로운 변화를 창조하고, 새로운 모습으로 재탄생해야 하며, 그 모습은 바로 초월성 축제로의 전환이 될 것이다.

축제는 지역의 정체성을 문화적으로 응집시켜 표현한 것이다. 문화의 속성상 축제는 지역 사회를 구성하는 구성원들의 공통분모이며, 현세대를 넘어서 다음 세대로 전해지면서 기존 문화에 새로운 문화가 쌓이는 역사를 만든다. 그래서 축제는 지역사회 각 요소들과 상호 유기적 관련을 맺고 지역을 통합시키며, 고정되어 있지 않고 시간의 흐름에 따라 달라진다. 초월성 축제는 4차 산업혁명과 뉴노멀 사회라는 시간과 사회 변화의 축에서 달라지는 지역축제이다.

현대사회는 개인이 주체적으로 사회적 연대를 통해 원하는 삶을 실현하고 있다. 혼자서 안 되는 일들도 가치를 공유하는 공동체를 만들어 개인의 힘을 사회적 힘으로 키운다면 어려운 일들도 현실화 할 수 있다.

즉, SNS를 통해 연대하고, 온라인 속에서 새로운 공동체를 형성해 사회적 가치를 개인의 삶과 연계시켜 살고 있는 것이다. 이처럼 지역의 삶을 바라보는 가치도 변화해야 한다. 소속감으로 자기 존재감을 확인하고 인맥을 통해 결집하고 문제를 해결하려는 접근은 구시대적 사고이다. 사회적 가치를 공유와 연대를 통해 투명하고 도덕적으로 바라봐야 하며, 문제 해결의 주체도 지역 주민만이 아닌 외지인들을 끌어들여야 한다.

초월성 축제는 O2O 플랫폼 속에서 축제를 매개로 지역 주민과 외지인을 연결하고, 외부 세계와의 네트워크를 통해 지역의 문제 해결과 활성화를 이야기한다. 뉴노멀 사회에서는 지역 이기주의와 폐쇄적인 지역 정체성을 뛰어넘는 것이 지역이 생존하는 길이라 생각하기 때문에 주민을 초월한 축제시민 개념을 정립한 것이다.

이제 지역의 삶은 개성을 창출해야 하며, 이때의 개성은 대량이 아닌 다원성의 패러다임으로 바라보아야 한다. 지역의 정체성을 개성있게 표현하는 것은 지역의 다양한 삶과 가치를 존중하는 데 있다. 이에 지역 정체성을 존중하고 축제를 사랑하는 축제시민은 다양한 개성을 풀어낼 수 있는 대상이며, 초월성 축제는 플랫폼이 되는 것이다.

역사와 특산물을 지역의 정체성으로 표현했던 1차원적 실재성 축제를 뛰어넘어 초월성 축제는 역사의식을 가진 개성 있는 삶과 특산물 생산과 소비까지의 과정을 문화적으로 재해석한 축제시민의 다원적 라이프스타일이 축제 정체성으로 표현되어야 한다.

지역 정체성을 생활 속에서 삶으로 풀어내고, 축제 브랜드로 상징화시킨 것이 바로 초월성 축제의 문화 정체성이다. 이러한 정체성은 축제 프로그램을 통해 브랜딩 되어 지역축제 체험이 지역의 새로운 재미와 더불어 경제를 창조하는 구심점이 되도록 하는 데 있다.

이제 지역은 다양성을 넘어 다원성의 가치를 창조해야 한다. 축제 또한 로컬의 가치를 지역의 다원화 된 삶에서 발견하고, 그 개성을 축제 브랜드로 연결해야 한다. 대규모의 집단 유희가 아닌 소규모의 다원화 된 체험의 유희를 지역 삶에서 도출해 프로그램화 하고, 지역의 다양한 구성원과 외지인이 결합한 축제시민이 축제 생태계를 주도적으로 구축하는 참여구조를 만들어야 한다.

아울러, 초월성 축제는 실재성 축제와 같이 축제장의 일정 공간에서 많은 사람들이 동시에 경험하는 집단성을 축제의 본질로 바라보지 않는다. 그것은 우리 인류가 과거에 살아갔던 공동체 사회와 대량생산 산업화 사회에서의 문화 체험 방식일 수 있으며, 성과를 위해 의도된 현대축제에서의 기획으로 볼 수 있다.

실재성 축제에서 현대축제는 과학의 발달로 인한 인간 이성 중심과 산업사회 전환으로 인한 농업기반 공동체가 해체된 사회구조 속에서의 축제이기 때문에 전통축제에서의 연희 방식이 변했고, 제의는 사라지게 되었다. 초월성 축제는 뉴노멀 사회에 인류 공동체가 살아가는 새로운 방식을 축제에 담아내야 한다. 축제는 시대를 담는 그릇이기 때문이다. 지역은 실재성 축제가 담았던 시대적 표현을 축제의 본질로 개념해선 안된다. 뉴노멀 사회 초월성 축제로 체질 전환하기 위해서는 지역이 축제를 바라보는 고인물 사고를 정화해야만 한다.

초월성 축제는 많은 사람들이 다양한 모양과 색깔의 체험을 선택해서 즐기게 하는 축제이다. 지역의 정체성을 다양한 방식으로 표현하는 것은 개성이며 곧 경쟁력이다. 초월성 축제는 이것들을 응집시켜 품어주는 역할, 즉 플랫폼이다. 각각의 모양과 색깔이 축제 속에서 각자의 가치를 창출하며, 주도적인 축제 생산을 함으로써 자연스럽게 새로운 스타일의 관광을 창출하고, 사회적으로는 공유된 가치를 문화로 실천할 수 있도록 해야 한다.

뉴노멀 사회 축제를 통해 지역이 가치를 갖게 되는 것은 개성 있는 로컬의 삶을 축제로 표현하고, 브랜딩하는 것이다. 초월성 축제가 바라보는 패러다임은 규모가 아니라 가치이다. 지역의 전통성과 정체성이 축제시민을 통해 매력적인 풍경과 체험을 만들고 그것을 축제 이미지로 쌓아가는 것이 곧 브랜드 전략이다.

지역의 자연과 경관을 배경으로 지역 주민의 다양한 삶이 개성을 찾도록 하는 것이 초월성 축제의 초시민 전략이다. 그러므로 초월성 축제는 지역의 다양한 개성을 공동체로 구성시키는 구심점이 되어야 한다. 연대를 통한 협력이 관광객과 연결되어 지역이 축제를 통해 글로벌로 나아가게 해야 한다. 즉 로컬의 상징이 축제가 되고, 축제를 통해 로컬 브랜드가 글로벌로 진출하는 마중물이 되어야 한다.

**축제로 표현되는
디지털 시민성과 브랜딩**

초월성 축제는 지역민만을 시민으로 보지 않는다. 축제 기획과 운영에 지역 주민만이 아닌 타지역 주민들을 끌어들여 팬덤과 관광시민 그리고 관계자로 구성하여 함께 풀어가는 구조이다. 그래서 초월성 축제시민은 실재성 축제에서의 시민 개념과는 다르다. 디지털 시민성 또한 일반적 시민성과는 다르다.

초월성 축제는 공간의 초월이 윤리의 초월, 연결의 초월 그리고 시민의 초월을 발생시킨다. 여기서 디지털 시민성이 중요한 이유는 온라인 공간이 소통의 플랫폼이 되고 지속가능한 가치를 생산해 내기 위해서는 초월성 축제시민 모두가 디지털 시민으로서의 자질과 행동 양식을 갖추어야 하기 때문이다. 만약 온라인 공간이 분쟁이나 경쟁의 장이 된다면 초월성 축제는 실현되지 못할 것이다. 게다가 지역에는 온라인 환경과 활용 기술이 부족한 세대가 많기 때문에 이들에 대한 배려도 필요하다.

유네스코(2017)[62]는 디지털 시민성을 효과적으로 정보를 찾고, 접근하고, 사용하고 생성할 수 있는 역량, 비판적이고 민감하고 윤리적인 방식으로 타인 및 콘텐츠에 참여하는 역량, 온라인 및 ICT 환경을 안전하고 책임감 있게 탐색하는 역량, 자신의 권리를 인식하는 역량으로 설명하였다.

초월성 축제는 축제시민들이 O2O 플랫폼에서 축제의 가치를 실현하는 방법을 교육하고, 원칙과 기준을 마련하는 것이 필요하다. 4차 산업혁명과 뉴노멀 사회에 초월성 축제는 지역 주민을 넘어서 축제시민의 권리를 온라인을 통해 팬덤, 관광객, 관계자 모두에게 부여해야 한다.

즉, 실재성 축제와는 달리 초월성 축제는 온라인이라는 새로운 공간에서 새로운 시민공동체를 형성해야 하는 도전 과제가 주어진 것이다. 축제마다 시민의 자질과 역량은 디지털 시민성으로 나타날 것이다. 신뢰와 연결에 기반한 디지털 네트워크는 축제 생산에 자유를 부여하지만, 과도한 경쟁은 도덕성 상실을 가져올 수 있다. 이에 초월성 축제는 시민들의 디지털 공감 능력을 향상하도록 하는 것이 중요하다.

축제시민들은 O2O 플랫폼을 통해 소통과 협업을 해야하기 때문에 사회적 가치를 실천하는 많은 과제들이 그들에게 주어져야 한다. 즉 축제시민들에게 자연스럽게 디지털 시민성을 키워주기 위해서는 일상의 축제화 전략 사업이 필요하며 그 사업에 많은 시민들을 연결하고 참여시켜야 한다.

초월성 축제에서 디지털 시민성 교육은 단순히 교육을 넘어서 경험 창출과 브랜딩에 있다. 관광객, 팬덤, 지역 주민, 관계자로 구성된 축제시민들은 다양한 주제를 가지고 과업 수행에 참여하고 연결되며, 소통과 상호작용하는 것을 통해 서로 간에 신뢰를 쌓아가는 문화를 경험하도록 해야 한다. 이러한 문화경험은 초월성 축제가 디지털 네트워크 구조 속에서 시민성을 키우는 학습의 장이 될 것이다. 그리고 중요한 것은 축제시민의 다양한 주체들이 플랫폼 속에서 개인 또는 상호 간에 결합하여 축제가 개최되지 않는 일상에서도 디지털 시민성의 실천 및 활용이 일상화되어야 한다. 요컨대, 초월성 축제는 시민의 일상화 가치 실천이 자연스럽게 지역과 축제를 글로벌로 연결시키는 브랜딩 활동을 만들고, 이것은 디지털 시민성과 브랜딩을 엮는 새로운 방식의 주민 참여로 볼 수 있다.

지역 콘텐츠의
재생산과 융합

문화산업의 등장은 콘텐츠 시대를 열었다. 문화와 디지털 기술은 다양한 문화 콘텐츠를 생산하였으며, 온라인 기반의 미디어나 플랫폼 틀이었던 문화 콘텐츠는 그 개념을 오프라인까지 확장해 장소에 기반한 공간형 콘텐츠까지 포함시켰다.

최근 지역은 문화와 관광에 있어서도 콘텐츠 용어가 일상화되고 있다. 2020년 온라인과 오프라인의 경계를 허문 팬데믹은 문화 콘텐츠 업체들에게 각 지역에서 영상과 디지털 기술을 앞세워 새로운 비즈니스 기회를 창출시켜줄 것이다. 이벤트 업체들은 기존의 자리를 위협받을 수도 있다. 그러므로 생존하기 위해서는 디지털 기술을 갖추고 디지로그 콘텐츠 제작에 투자해야 할 것이다. 이제 지역 콘텐츠는 단순히 자원의 상품화와 판매를 통한 경제성 창출을 넘어 디지로그를 창출시키는 문화 콘텐츠로 나아갈 것으로 예상된다. 지역 콘텐츠 생산에 디지털 기술을 가진 기업을 창업시키고, 육성시키는 전략도 필요하다.

초월성 축제는 축제를 지역 콘텐츠 생산의 플랫폼으로 바라볼 것을 강조한다. 초월성 축제가 지역 콘텐츠 생산에 통합브랜드 기능을 할 수 있을 때 O2O 플랫폼은 지역의 가치를 생산하며 활성화 될 수 있다. 앞서, 오프라인 전용 축제장 구축과 문화복합공간으로의 조성 컨셉을 제시한 것도 그러한 이유에서이다.

지역 문화 콘텐츠 생산자를 전용 축제장에 상주시켜 축제 집적화(Cluster)를 위한 생태계를 조성시키고, 축제 일상화를 관광과 연결해 지역 생산자와 방문자가 만나는 제3의 공간을 만들도록 하는 것이 필요하다. 주민들에게는 이곳이 일과 주거를 벗어난 소통 공간으로 기능하게 될 것이기 때문에 초월성 축제 전용 축제장 구축은 지역 문화 관광에 거점 공간을 만든다는 사고 전환이 필요하다. 결국, 축제를 통한 네트워크가 지역 콘텐츠 생산에 집적화와 혁신을 이끌 것으로 본다.

초월성 축제 혁신 전략은 실재성 축제에 대한 재인식과 재해석을 요구한다. 축제를 통한 지역 콘텐츠 생산을 축제 기간 동안 매출을 올리려는 지역상권 개념으로 바라보아서는 안된다. 축제 일상화 속에서 축제 생산에 참여한 인력들이 네트워크를 구축하고, 오프라인 클러스터를 조성해 지속적인 콘텐츠화 방안을 강구하도록 해야 한다. 그리고 그들의 상품은 온라인을 통해 콘텐츠 재생산을 이끌고 실시간 판매되어, 축제 기간이 아닌 일상에도 축제 관광을 실현시켜 오프라인에서 판매하는 융합이 일어나야 한다.

온라인을 통한 지역 콘텐츠 재생산은 축제시민들에 의해서 이루어진다. 최근 온라인 놀이문화는 기업 광고에 접목되고 있다. 즉, 소비자가 자발적으로 광고 과정에 참여하는 밈(Meme) 마케팅이 트렌드이다. 밈마케팅은 눈에 띠고, 마음에 드는, 재미난 콘텐츠를 자발적으로 따라하고, 널리 공유해 새로운 의미를 담아 재생산하는 온라인 놀이로 MZ세대들에게서 나타나고 있다. 패러디나 챌린지 등도 밈마케팅의 일환이라 볼 수 있다.

초월성 축제는 오프라인 축제의 홍보와 콘텐츠 재생산을 축제 기간 동안 온라인 공간에서 축제시민들이 밈마케팅을 펼치며 다양한 참여 프로그램으로 실시할 수 있다. 그리고 축제 기간이 아닌 일상에서는 축제시민 각자의 가치를 생산하는데 축제 브랜드를 활용해 홍보나 판매로 이어지게 할 수 있다. 초월성 축제는 축제를 넘어 지역 콘텐츠 재생산과 융합을 일상에서도 가능하게 하는 플랫폼 역할을 할 수 있을 것으로 기대된다.

여행성지가 되는
축제장과 지역

종교적 발상지나 순교, 기적 등이 일어나 신성시되는 도시나 지역을 성지라 한다. 성지는 매년 찾는 순례객들 때문에 많은 지역 주민들이 종교관광으로 수익을 창출하고 있다. 초월성 축제에서 온라인 공간 창출은 그 근원인 오프라인을 실재성 축제보다 더욱 집중시킬 것이다. 즉, 온라인 공간에서 축제시민들에게 오프라인 축제장과 지역은 성지와도 같은 인식을 심어주게 될 것이다. 그러기 위해서는 온라인과 오프라인 축제가 동시에 개최되는 O2O 플랫폼이 구축되고 실시되어야만 한다. 하지만 2020년 대한민국 온라인 축제는 그렇지 못했다. 온라인 공간 창출의 의미를 오프라인 대체 공간으로만 인식했기 때문이다.

2020 온라인 축제는 코로나19가 종식되기까지 버티기 위한 접근으로 바라보았기 때문에 온라인 공간을 통한 축제의 가치를 보여주지 못했다. 많은 축제들이 온라인에서 축제 조회수와 코로나19 이전 보다 더 많은 특산물 판매가 이루어졌다고 성과를 자랑하는 정도였다.

정보전달, 중계 방송, 홈쇼핑 판매가 축제의 본질은 아니다. 온라인 축제가 축제로의 가치를 얻기 위해서는 온라인 공간에서 축제 콘텐츠 경험 창출이 모색되어야 하며, 그 경험은 오프라인 축제장 및 지역과 연계되어 현장을 가고 싶다는 욕구를 발생시켜야 한다. 이제 대한민국 축제는 온라인 축제의 진정성과 가치를 오프라인 축제장 및 지역과 연계해 기획해야 한다. 즉, 초월성 축제로의 전환 전략을 주제로 포럼, 세미나, 아카데미 등에서 담론화되고, 그 내용들을 축제 기획에 적용하는 것이 필요하다.

포스트 코로나 시대 뉴노멀 사회를 예측해 축제를 바라본 초월성 축제가 O2O 플랫폼으로 가야하는 이유는 온라인 공간을 통해 오프라인 공간의 축제 가치를 더욱 부각시킬 수 있기 때문이다. 아울러 온라인 공간으로의 축제 확장은 오프라인과의 결합을 통해 새로운 축제 시너지를 발생시켜 실재성 축제 때보다 더 많은 가치를 창출할 수 있게 될 것이다. 로컬시대 축제는 온라인 공간 개척을 통해 지역이 글로벌로 도약하는 매개체가 되어야 하며 이를 통해 지역의 브랜드들을 글로벌로 진출하는 글로컬의 비전을 꿈꾸고 현실화시켜야 한다.

초월성 축제는 실재성 축제에서 풀어내지 못한 축제의 일상화 전략을 온라인 공간에서 소통시키고 이를 오프라인에 연계시키는 플랫폼으로 설명하고 있다. 특히, 군단위 지자체에서는 읍이 축제 일상화의 오프라인 거점이 될 수 있도록 축제를 통한 지역 거점관광 실현을 구상해 볼 수 있다.

오프라인 축제장에 상징물을 존속시키고 그 속에 문화관광축제 클러스터를 조성시키면 읍은 인구 소멸시대 지역 관광의 거점이 될 것이다. 그렇게 되면 읍이 숙박과 야간 관광을 실현시켜 문화관광의 경제를 창출하게 될 것이다.

아울러 비일상 축제 기간에는 공정여행의 실천이 축제 문화로 표출되고, 축제시민을 통해 일상의 여행문화로 자리잡게 해 지역을 이롭게 하는 관광을 실현하도록 할 수 있다.

실재성 축제에서 비일상 축제만을 존속시켰던 방식에서 초월성 축제는 일상에서도 여행자가 축제장과 지역에서 축제 문화를 다양하게 경험할 수 있도록 한다. 이러한 여행자의 경험은 온라인에 포스팅되고, 온라인을 통해 축제와 지역은 전 세계로 연결되어 지역이 축제를 통해 주목받는 현실을 만들 수 있다.

이익을 존중하고 신뢰를 주는
축제시민과 지역

　　　　　　　　축제가 지역경제에 미치는 파급효과는 매우 크다. 축제 관광객들은 숙박, 식사, 주유, 유흥, 쇼핑 등을 축제장뿐만이 아니라 축제를 방문한 지역 곳곳에서 소비하며 지역경제 활성화에 기여한다. 그래서 실재성 축제에서 지역민들은 축제를 돈벌이 수단으로 생각하는 경향이 짙었다. 더 저렴하고 품질 좋은 것을 기대한 관광객들은 눈살을 찌푸렸고, 축제 관광의 신뢰는 떨어졌다. 행정은 축제와 지역에 신뢰를 창출하는 방법을 모색하지 않고 경제적 효과만을 성과로 제시하였다.

　　초월성 축제는 공익적 가치를 추구하기 때문에 공정여행 문화를 구축한다. 그래서 축제 관광객은 축제가 개최되는 지역의 주민들이 축제로 인해 창출되는 이익을 존중하고 지역과 주민들은 축제 관광객들에게 품질과 가격 그리고 서비스에 있어서 신뢰를 준다. 앞으로 축제의 품질을 높인다는 것은 단순한 서비스 차원이 아니라 축제에 있어서 상호존중과 신뢰를 축제 여행문화로 구축하는 것에 있다.

　　초월성 축제는 축제시민 중에서 특히 팬덤을 중심으로 축제 개최 지역의 문화, 역사, 사회, 경제에 관한 정보 제공과 축제여행의 새로운 문화 구축을 이끌어가야 한다. 축제 관계자인 행정, 위원회, 총감독, 스탭, 자원봉사자, 예술가, 언론과 방송사 등은 축제 기획과 운영에 있어서 공정여행 축제 문화와 공익을 위한 사회적 가치를 실현해야 하고, 그 가치를 다 함께 공유해야 한다.

축제 생산자와 소비자 모두에게 초월성 축제의 가치를 공유시키는 것이야말로 대한민국 축제의 새로운 진화라 본다. 실재성 축제처럼 주최측이 일방적으로 판을 짜고, 끌고 가려는 구조는 안된다. 초월성 축제가 추구하는 초윤리를 축제시민 네트워크에 상호작용시켜 자발적 참여와 동참이 이루어질 수 있도록 해야 한다. 온라인과 오프라인에서 초윤리를 실천하고자 하는 노력과 상호작용은 초월성 축제의 새로운 특성을 탄생시킬 것이다. 즉, 초월성 축제는 공정여행 문화를 창발(創發) 현상으로 전개해야 하지만 그 방법과 문화 구축은 정해진 것이 없다.

초월성 축제의 문화 구축은 외지인과 지역 주민이 결합한 네트워크와 상호작용 속에서 자연스럽게 나타나도록 해야 한다. 대한민국 축제가 글로벌 축제로 나아가기 위해 콘텐츠와 홍보마케팅에만 집중하는 것은 한계가 있다. 축제가 세계적 공감과 인정을 받기 위해서는 축제의 목표 및 비전이 축제시민과 지역에 가치를 실현시켜 주어야 한다. 축제의 콘텐츠는 가치실현의 매개체인 것이다. 문화체육관광부와 한국관광공사는 대한민국 축제가 글로벌 축제로 나아가는 정책 방향을 초월성 축제로 전환해야 한다. 콘텐츠 중심으로 바라보았던 축제에서 로컬의 정신과 문화를 공정여행 속에서 웰니스와 슬로우 라이프로 실천하고 축제의 가치는 플랫폼을 통해 세계적 연대를 이끌수 있어야 한다.

초월성 축제는 기존 축제의 혁신이며 뉴노멀 시대의 새로운 축제이다. 그래서 지역과 글로벌, 지역 주민과 관광객을 바라보았던 기존의 패러다임을 전환하는 것이 필요하다. 이러한 축제의 전환은 일시적 고통이 동반될 수 있지만 새로운 가치가 지역과 축제를 지속가능한 성장으로 이끌 것이다. O2O 플랫폼을 통한 공간, 연결, 윤리, 시민의 초월은 현재 대한민국 축제가 봉착한 한계를 넘어서는 축제의 도약이 될 것이다.

참고 문헌

1부 초월성 축제 도래

1. 구글사전
2. 조성애(2004) 축제와 원형적 세계관, 프랑스문화예술연구 제11집, p.297
3. 앞에 논문, p.297
4. 진인혜(2004) 축제와 혁명, 한국프랑스학논집 제47집, pp.504-505
5. 세속도시(2020) 하비콕스;이상률 옮김, 문예출판사, p.62
6. 배기훈(2004) 하비콕스의 문화관에 대한 연구, 장로신학대학교 신학대학원 석사학위논문, p.31
7. 김정철(2005) 하비콕스의 문화신학 연구, 감리교신학대학교 대학원 석사학위논문, p.23
8. 앞의 논문 p.23
9. 앞의 논문 P.24
10. 축제이론(2013) 류정아, 커뮤니케이션북스, p.72
11. 앞의 책 p.74
12. 인간사회와 상징행위(2018) 빅터 터너;강대훈 옮김, 황소걸음, p.10
13. 앞의 책 P.7
14. 앞의 책 P.9
15. 류정아(2004) 축제의 연행론적 분석, 한국프랑스학논집 제47집, p.164

16 앞의 논문 P. 164

17 철학강의(1994) 김태길 외 6인, 철학과현실사, p.50

18 정민혁(2002) 씨름의 미학적 고찰, 용인대학교 교육대학원 석사학위논문, p.16

19 위키백과

20 임정(2015) 한·중 호랑이 설화에 나타난 토테미즘 연구, 한국교통대학교 인문대학원 석사학위논문, p.8

21 종교 생활의 원초적 형태(1992) 에밀 뒤르케임;노치준·민혜숙

22 축제의 문화사(2008) 윤선자, 한길사, pp.36-37

23 앞의 책 p.38

24 앞의 책 p.50

25 앞의 책 p.41

26 앞의 책 p.56

27 앞의 책 p.58

28 The Feast of Fools: A Theological Essay on Festivity and Fantasy(1969), Harvey Cox, Harvard University Press, p.4

29 Sun Qian(2018) 신앙과 노동 측면에서 본 정월 대보름의 융합적 현상, 우리문학연구 제59집, p.149

30 오정화(2009) 한·중 정월 세시풍속의 기능별 비교 연구, 경희대학교 대학원 석사학위논문, p.52

31 Sun Qian(2018) 신앙과 노동 측면에서 본 정월 대보름의 융합적 현상, 우리문학연구 제59집, p.152

32 오정근·이훈(2008) 축제 이해집단이 인식하는 지역축제의 의미: 언론기사 Text의 기호학적 분석을 중심으로, 관광연구논총 제20권 제2호, p.92

33 황선희(2016) 한국어 교재에 담긴 관혼상제 문화교육에 대한 연구, 경상대학교 대학원 석사학위논문, p.18

34 한국의 축제 다시보기(2006), 김태경, 한국학술정보(주), p.18

35 오정근·이훈(2008) 축제 이해집단이 인식하는 지역축제의 의미: 언론기사 Text의 기호학적 분석을 중심으로, 관광연구논총 제20권 제2호, p.92

36 네이버 국어사전

37 한국민족문화대백과사전

38 한국의 축제 다시보기(2006), 김태경, 한국학술정보(주), p.16

39 현대사회와 여가(1998), 스탠리 파커; 이연택·민창기 옮김, 일신사, p.22

40 앞의 책 p.23

41 앞의 책 p.25

42 앞의 책 p.25

43 최석호(2004) 한국사회의 여가변동에 관한 연구: 대중여가의 형성과 문명화 과정을 중심으로, 고려대학교 대학원 박사학위논문, p.3

44 앞의 논문 p.3

45 앞의 논문 p.4

46 남미경(2011) 현대축제에 대한 문화사회학적 분석: 부산불꽃축제를 중심으로, 경성대학교 대학원 석사학위논문, p.14

47 축제인류학(2003) 류정아, 살림, p.12

48 앞의 책 p.12

49 스포츠와 문명화 : 즐거움에 대한 탐구(2014) 노르베르트 엘리아스, 에릭 더닝 지음; 송해룡 옮김, 성균관대학교출판부

50 신현식·오훈성(2016) 장소자산을 통한 지역축제의 장소마케팅 전략 연구:평창효석문화제를 중심으로, 호텔관광연구 18(2) pp.266-284

51 관광학 총론(2009) 한국관광학회, 백산출판사, pp.29-30

52 김용진(2014) 학제적 접근을 통한 제의적 축제이론의 정립과 모형 개발에 관한 연구: 포항국제불빛축제를 중심으로, 국민대학교 대학원 석사학위논문, p.71

53 박혜원(2006) 집단의 사회적 자본이 집단 효과성에 미치는 영향에 관한 연구, 고려대학교 대학원 박사학위 논문. p.6

54 호모 페스티부스(2018) 장영란, 서광사, p.85

55 장근영(2018) 다원주의 시대의 예술적 경험, 전남대학교 대학원 석사학위 논문. p.4

56 마켓 3.0(2010) 필립코틀러; 안진환 역, 타임비즈

2부 초월성 축제 전환

57   멈추면, 비로소 보이는 것들(2017) 혜민, 수오서재

58   강원도민일보, 공간 경계넘은 단오, 세계인 축제로 자리매김, 2020년 6월 29일 11면

3부 초월성 축제 전략 'T-SECC 모델'

59   네이버 지식백과 재인용

60   네이버 지식백과

61   마켓 3.0(2010) 필립코틀러; 안진환 역, 타임비즈

62   UNESCO (2017). Conference on Digital Citizenship Education in Asia-Pacific: Outcome Document. Retrieved from https://en.unesco.org/sites/default/files/dkap-conference-outcome-mar2017.pdf

이미지 출처

그림 1   신현식
그림 2   http://blog.daum.net/lambsppk/5865427, 위키미디어
그림 3   임실필봉농악보존회
그림 4   평창군
그림 5   유튜브 El Último inti Raymi - Minidocumental 캡쳐
그림 6   글래스톤베리 페스티벌 홈페이지
그림 7   교보문고, wellingsco.com
그림 8   독일 쾰른 카니발 홈페이지
그림 9   프랑스 니스 카니발 홈페이지
그림 10   제주들불축제 홈페이지
그림 11   원더프룻 페스티벌 앱
그림 12   http://blog.daum.net/gold9055/15019677
그림 13   삼성전자 버추얼 프레스 콘퍼런스 캡처
그림 14   스페인 토마토 축제 인스타그램
그림 15   후쿠오카현 홈페이지-야마카사 사진관
그림 16   공정무역 한국사무소 홈페이지
그림 17   정선군
그림 18   정선군
그림 19   (사)춘천마임축제

그림 20	연합뉴스 2019.01.09. 포토에세이
그림 21	연합뉴스 2020.01.28. 최신기사, 조선일보 2020.01.09. 사회
그림 22	TBS뉴스 2020.05.10. 사회, 스포츠서울 2020.08.19. 사회
그림 23	강릉단오제 인스타그램
그림 24	강릉단오제 홈페이지·인스타그램·유튜브
그림 25	문경시, 전주푸드통합지원센터
그림 26	(사) 춘천마임축제
그림 27	신현식
그림 28	신현식
그림 29	신현식
그림 30	신현식
그림 31	신현식
그림 32	서피비치
그림 33	신현식
그림 34	신현식
그림 35	신현식
그림 36	신현식